景 汐 ◎ 著

天津出版传媒集团

天津科学技术出版社

图书在版编目（CIP）数据

回话有术一问一答 / 景汐著. -- 天津 ： 天津科学技术出版社，2024.5
　　ISBN 978-7-5742-2152-9

Ⅰ．①回… Ⅱ．①景… Ⅲ．①语言艺术－通俗读物 Ⅳ．①H019-49

中国国家版本馆CIP数据核字(2024)第098188号

回话有术一问一答

HUIHUA YOUSHU YIWEN YIDA

责任编辑：胡艳杰

出　　版：	天津出版传媒集团 天津科学技术出版社
地　　址：	天津市西康路35号
邮　　编：	300051
电　　话：	（022）23332695
网　　址：	www.tjkjcbs.com.cn
发　　行：	新华书店经销
印　　刷：	天津鑫旭阳印刷有限公司

开本 670×950　1/16　印张 12　字数 150 000
2024年5月第1版第1次印刷
定价：49.80元

第一章　反面案例不可学

1. 一句话把天聊死 ...002
2. 杠精是怎么练成的 ...005
3. 哪壶不开提哪壶 ...009
4. 损人不利己 ...012
5. 贬低他人抬高自己 ...015
6. 敷衍应付，答非所问 ...018
7. 好为人师讲大道理 ...022

第二章　如何高情商地应对面试

1. 在招聘软件上这样回复HR ...026
2. 如何给面试官留下好印象 ...029
3. 面对刁钻的HR如何见招拆招 ...032
4. 复试时如何回答面试官提问 ...036
5. 与老板面对面该说什么 ...040

第三章 初次见面如何避免冷场和尴尬

1. 见到新同事，可以这样说 ... 044
2. 初次见到领导，可以这样回 ... 047
3. 客户问询时，可以这样回 ... 050
4. 如何在公众面前介绍自己 ... 053

第四章 在工作中如何面对领导

1. 受到领导表扬时如何回 ... 058
2. 被领导批评时如何回 ... 061
3. 领导单独安排任务时如何回 ... 064
4. 领导在群里分配任务应如何回 ... 066
5. 同时面对上级领导和直属领导时该如何说 ... 069

第五章 在工作中如何面对同事

1. 委婉拒绝同事委托的分外工作 ... 074
2. 同事对你阴阳怪气如何回 ... 077
3. 同事真心夸奖你如何回 ... 080
4. 同事不配合工作时如何回 ... 083
5. 被同事误解时如何说 ... 086
6. 向同事提建议时如何说 ... 089

第六章　在工作中如何与客户沟通

1. 网络上与客户对接时如何回 ... 094
2. 受到客户邀约时如何回 ... 097
3. 客户来拜访时怎么回 ... 099
4. 见到客户的领导如何说 ... 102
5. 遇到客户刁难如何回复 ... 105
6. 客户拒绝合作时如何回 ... 108

第七章　面对父母和亲戚如何回

1. 被父母和亲戚们催婚怎么回 ... 114
2. 面对亲戚的无理要求怎么回 ... 117
3. 面对作为亲戚的"熊孩子"及"熊家长"怎么回 ... 120
4. 父母跟你吵架时怎么回 ... 123
5. 父母提出不合理的要求时怎么回 ... 126

第八章　与同学或朋友交往时如何回

1. 同学或朋友生病时如何回 ... 132
2. 同学面对考试压力时如何回 ... 134
3. 庆祝朋友生日时如何回 ... 136
4. 朋友失恋时如何回 ... 139

5 同学或朋友吐槽糟心事时如何回 ... 142

6 朋友分享好消息时如何回 ... 145

7 朋友多次迟到应如何说 ... 148

8 朋友遇逆境向你倾诉时如何回 ... 151

第九章 和邻居打交道时如何说

1 搬家后遇到新邻居时如何说 ... 156

2 和邻居发生纠纷时如何回 ... 159

3 无法帮助邻居时如何回 ... 162

第十章 日常交际交友时如何说

1 相亲时遇到心仪对象如何留下好印象 ... 168

2 相亲时遇到奇葩时如何怼回去 ... 171

3 在聚会上有新朋友搭讪时如何回 ... 174

4 在聚会上被陌生人刁难时如何怼回去 ... 178

5 旅途中被陌生人搭讪怎么回 ... 182

第一章

反面案例不可学

1 一句话把天聊死

2 杠精是怎么练成的

3 哪壶不开提哪壶

4 损人不利己

5 贬低他人抬高自己

6 敷衍应付，答非所问

7 好为人师讲大道理

1 一句话把天聊死

一句话可以拉近人与人之间的距离，也能在一瞬间拉远彼此的关系。人们常说，最舒服的聊天方式就是有来有往，有思想上的碰撞。可在生活中，偏偏就有这样一种人，不论你怎么兴致勃勃地和他聊天，他都有本事找到你最意想不到的切入点，一句话终结话题，让气氛瞬间变得尴尬起来。

这种行为在网络上通常被称为"KY"（来源于日语，直译为：不会读取气氛），意思是说某人没眼力见，不会按照当时的气氛和对方的脸色做出合适的反应。既然这种说法能在网络上流行起来，就说明这样的"聊天终结者"不在少数。那么这一类人都有哪些特点呢？

贬低别人的兴趣或观点

当我们分享自己的兴趣爱好时，往往会期待得到一个正向的反馈。而这些聊天终结者不仅乐于贬低他人的观点或爱好，有时甚至还会上升为人身攻击,让人瞬间失去与之对话的兴致。长此以往,想必也没人愿意与他分享生活中的点滴,更别说成为知心好友了。

 我最近发现了一个很好玩的游戏!这个游戏里面有很多充满趣味的小故事,人物之间的互动也很精彩!

你都多大的人了,怎么还在玩游戏啊?真幼稚!

过于主观的断言

俗话说:未经他人苦,莫劝他人善。每个人面对的实际情况都是不同的。在不了解事情真相的时候,一味地从自身出发规劝别人，很容易引起别人的反感，招致厌烦。

想要避免以上这些"一句话把天聊死"的尴尬瞬间，需要我们培养更加敏感和富有同理心的心理，学会如何站在他人的角度思考问题，考虑他人的感受，避免冒犯性的言辞，在开玩笑时也要谨慎考虑场合和内容。这样，我们才能提高我们的人际交往能力，建立更加积极的关系。

2　杠精是怎么练成的

作为一个生活在21世纪的5G网络冲浪达人,相信你在社交网络上一定经常见过一个词——杠精。那么,何为"杠精"呢?

《说文解字》中,对于"杠"字是这样解释的:"杠,床前横木也。"其本义是指家具的支撑腿之间起固定作用的横撑木,后来由物延伸到人,其含义也引申为"专横自是,好与人争",并由此产生了抬杠、顶杠等形容人争辩的词汇。那"杠精"的含义也就显而易见了,指的就是那些乐于抬杠、以反驳他人为己任的人。他们似乎总是能找到他人说话或做事的毛病,进行贬低或攻击,做到"对人不对事"。当然,杠精的表现也是多种多样的,典型的有以下几种。

以自我为中心型

这类杠精非常自恋,在他们眼里,任何人都比不上自己,他们会下意识地通过贬低别人、夸赞自己的方式,把自己置于聚光灯下,试图成为众人眼中的主角。当然,他们不在乎逻辑是否正确、观念是否正确,更不在乎他人的感受。他们在意的是如何在交流中占据主导地位,并希望能将所有人的注意力集中在自己身上,让自己成为社交的中心人物。

我最近新买了一条长裙!是克莱因蓝的,现在最流行的颜色,我打算在公司年会活动时穿,再搭配一条带碎钻的项链!

克莱因蓝?别了吧,你又不像我这么白,穿蓝色不好看!

爱泼冷水型

生活中有些人见不得别人好,一见人高兴就忍不住泼上一盆冷水。

这些人之所以爱给别人泼冷水，部分原因在于这个过程能唤醒他们内心深处的一种特殊"快感"。有时他们甚至并不在意输赢，因为泼冷水损人对他们来说实际上是一种低成本的情感排解方式。损别人一下，就能在瞬间让他们获得一种快感。

 努力果然是有回报的！以后就可以自己开车到处玩啦～

 不懂驾照那么好考，有什么好晒的啊？

 春天不减肥，夏天徒伤悲，小A的减肥计划就要开始啦！

 你要是能瘦下来，母猪都能上树！

嘴强王者型

有这样一些人，他们在交流中追求的不是事实的真相或逻辑的合理性，而是通过争论、质疑来树立自己的权威性。他们往往秉持着"众人皆醉我独醒"的态度，把"你不懂，我了解"挂在嘴边。对于他们来说，重要的不是与他人共享知识或达成共识，而是确保自己的声音被视为权威。

我家新房装修得可漂亮啦！找了一个网红工作室来装修的。

你怎么会找网红工作室？我可太了解他们了，都是中看不中用的花架子，找他们装修净花冤枉钱！你花了不少冤枉钱吧？我就知道！

总体来说，杠精的这种抬杠行为通常是由其内心的不满、无知、焦虑、自卑等负面情绪所驱动的，但在健康的沟通中，我们应该追求一种充满尊重与理解的对话。尽量避免那些带有挑衅和攻击性的言辞，这样我们才能更好地进行交流，以建立良好的人际关系。

3 哪壶不开提哪壶

在人际交往过程中，人们普遍有着一个共识——那就是尽量避免触碰他人的敏感话题。但也总有这样一种人，他们口无遮拦，经常提及别人的隐私或缺点，戳人痛处，甚至以此为乐。

有句歇后语："茶馆里开除的伙计——哪壶不开提哪壶。"说的就是这一类人。此句的原意是指伙计提供了冷水泡茶，让客人喝没有味道的凉茶，引申义为谈论了不该谈论的话题，或做了不该去做的事情。

生活中，这类爱揭人伤疤、戳人痛处的人都有哪些表现呢？

揭露他人隐私

每个人或多或少，都有一些不愿为外人所道的秘密。如果一个人愿意把自己的秘密说给你听，其实是信任你、相信你人品的表现。真正的朋友自然会守口如瓶，而这些心怀恶意的人，通常是在故意探听他人的隐私大肆宣扬，以寻求机会打击别人。俗话说："说话留一线，日后好相见。"给别人留面子，就是给自己留退路。尊重他人的隐私，其实也是在尊重自己。

 小何，你怎么啦？心情不好吗？

没什么事，我就想一个人静一静。

 哎呀！赵明你还不知道吧，小可的男朋友出轨了！昨天刚分手的！

提及他人缺陷

现实生活中，总有这样一群毫无同理心、尖酸刻薄的人，他们最爱干的事，就是在众人面前揭露别人的短处、在别人的伤口上撒盐，当别人陷入尴尬之中时，他们反而洋洋得意起来，仿佛打了一场胜仗一般。

《论语》中有这样一段对话——子贡问曰："君子亦有恶乎？"子曰："有恶，恶称人之恶者。"就连孔子这样的圣人，都厌恶提及他人缺陷的人，更何况普通人？

暑假的时候我去了趟欧洲旅游，可好玩啦！

啧啧，小惠啊你这肤色你这身材，到了欧洲怕不会被当成来逃难的吧？

有句话说：再柔软的舌头，也有挑断一个人筋骨的力量。在与人交往时，我们要时刻谨记：有关家庭情况、身体缺陷、工资收入、感情经历等话题，除非当事人自己主动提起，否则我们都应尽量避免。不言人私，不揭人短，是一个成年人在进行人际交往时该有的温柔和善意。

4 损人不利己

当一个人想要获得成功时,建立起一段良好人际关系的重要性是毋庸置疑的,小到职场打工人的升职加薪、大到国际间的贸易竞争,人际关系的处理都在其中起着至关重要的作用。在漫漫的历史长河中,成功的人们都表现出杰出的领导能力,而这种领导能力的核心并不在于权势,而在于实现双赢。

史蒂芬·柯维的《高效能人士的七个习惯》一书中,第四个习惯就是"双赢",也就是说人与人之间交往的最佳状态,其实就是实现互利共赢,达到"1+1>2"的效果。但生活中却有这样一批奇葩,他们说的话不仅伤害了别人,同时也没给自己带来益处,实现了一种令人费解的"双输"。

传播不实的谣言

这些"谣言制造者"可能是在追求从传播虚假信息中获取快感和满足感,也可能是对被造谣者有着嫉妒或仇恨的情感,希望通过抹黑对方的方式来减轻自身的不满。但这种行为不仅不会给自身带来利益,还很可能给他人带来严重后果,损害被害人的声誉、名誉,导致被害人产生心理问题等,严重者甚至会导致一系列的法律问题。

所以,切记不要造谣传谣,如果听到别人在传谣,也应及时制止。

小刘上周怎么没来上班啊?

 你不知道吗?她上周没来上班,是因为她偷偷去整容了!

挑拨离间制造争端

这种挑拨离间的行为往往会导致他人的关系逐渐恶化,可能刚开始大家还并未察觉,但随着时间的推移,被挑拨的两人之间就会逐渐产生不信任,当这些矛盾积累到一定程度时,即使是一个微不足道的小事也可能引发他们突然的冲突。而那些制造争端、挑拨离间的人，除了能够得到一种阴暗心理上的成就感和满足感，也得不到任何实际的好处。

李哥也来接水啊？真不好意思，热水我接完了，是给小何的，她不舒服。

小王呀，职场上交朋友千万别太付出真心，我看你最近跟小何走得很近，哥也是好心提醒你，其实她根本看不上你的大专学历！

什么！我拿她当朋友，她竟然看不起我！

鲁迅在《书信·致曹聚仁》中写道："只有损人而不利己的事，我是反对的。"这类人往往得到的只是心理快感，却会给他人带来严重的伤害。我们不光要避免成为这样的人，同时也应保持警惕，保护自己免受这类人带来的影响。

5 贬低他人抬高自己

大多数人在人际交往中，经常会不自觉地互吹"彩虹屁"——你夸我工作能力强，我赞你时间规划棒；你称我搭配审美好，我说你人格魅力大。不管是爱情还是友情，像这样互相夸赞、给予对方肯定，往往是一段健康关系能长久维系的基石。

但在生活中，我们也难免会遇到这样一些人：他们总是无法满足于现状，渴望获得更多的关注。为了满足这种特殊的心理需求，他们不惜对他人进行贬低和攻击，试图通过这种方式来抬高自己的地位和声望。这些人不仅喜欢吹嘘和夸大自己的成就，而且乐此不疲地通过贬低别人来凸显自身的优越感。每一次言谈中，他们都追求成为关注的焦点，不给予他人表达的空间，并试图通过贬低他人来巩固自己的地位。

嫉妒他人的心理

这些人在面对他人的成功时，内心会产生一种挫败和不平衡的感觉，他们常常会觉得他人的成功不过是运气好罢了，而"要是运气来了，我上我也行！"正是出于这样的嫉妒心理，他们会不自觉地贬低他人，来试图引起众人的关注和认同。但通过这种方式吸引来的"朋友"，往往都是跟他们一样阴暗、爱嫉妒他人的小人。

 听说小何昨天拿下了几个大客户，领导们都在表扬她呢！

这有什么了不起的？还不是领导给的资源！要是让我去，我能拿下更多大客户！

自卑的心理

自卑的人其实有着不同的外在表现，有的人表现为严重的内耗，总是会自责、自我否定；但也有一些自卑的人会表现得极具攻击性，对他人的成就表现得异常敏感。他们甚至会通过贬低对方的方式来弱化自己的自卑感。毕竟——如果我们都一样烂的话，那我就没什么可自卑的啦！

领导交给我一个大项目，我感觉还蛮有挑战性的。

你想多了吧，领导能把大项目交给你？

然而，贬低他人并不能真正解决自己的自卑问题，反而会破坏原本积极的对话氛围，导致人际关系变得紧张。

6 敷衍应付，答非所问

网上流传着一种写着"万能敷衍句子"的聊天背景图，里面的句子包含"嗯嗯。""天哪！""对对对。"等。而这些句子的使用介绍就是——当你想结束当前对话时使用。那么我们反过来想想：如果一个人在日常的人际交往中，经常使用这类敷衍的句式答非所问，那么和他对话的人就很难将对话继续，心中还会产生不满和沮丧感。

因此，如果我们不想马上结束对话，就要注意避开以下这些话语或行为。

无休止地回复表情包

如今，表情包已经成为一种被广泛使用的表达方式。尤其是在微信聊天中，发表情包来进行沟通交流，往往能够给对话增添一种轻松的氛围。但是当我们对表情包的使用变得过于频繁，甚至代替了正常的文字回复时，就会让对方感到冷漠和敷衍，觉得自己被忽略、被轻视。因此，在比较重要的对话中，尤其是涉及情感交流、或信息传递较为复杂的情况下，还是建议使用更为正式和明确的语言表达，像上图的这种情况，可能一个微信电话打过去或者发语音更为合适！

回复"哦"或"呵呵"

若是让网友们投票选出聊天中最敷衍的词语，"哦"和"呵呵"一定榜上有名。这两个简单的词语似乎带有一种无情的轻蔑，让人感到被忽略和不被重视。试想，当你兴致勃勃地跟好朋友分享信息时，对方却只回复一个简单的"哦"字，你会不会感觉仿佛有一块石头重重地砸进了你的心底。而"呵呵"一词虽然字面上表示微笑，但随着社交网络的发展，如今"呵呵"在实际使用中往往带有一种嘲讽和冷漠的语气。它常常被称为"最伤人词汇"，因为它不仅表达了对对方言辞的轻蔑，还在某种程度上表达了对对方的嘲笑。

> 我家娃昨天考试得了第一名！

> 哦。

> ……

> 快看我昨天双十一抢到的纸巾！这么多包只要10块钱！

> 呵呵。

> ……

答非所问

这样的回复答非所问，会让对方感到迷惑不解。电影《刘三姐》里有一句经典台词"你发癫，人家问地你答天"，被网友们做成了表情包，用来调侃那些答非所问、说话牛头不对马嘴的人。

敷衍是一种令人讨厌的沟通行为。有这样行为的人可能是对于这次沟通感到不耐烦或缺乏兴趣，也可能是为了回避尴尬。但是无论如何，如果一个人在工作中或跟朋友的社交中，经常用这种态度回话，会让人际关系越来越差。因此，我们需要认真思考并培养积极的沟通习惯，真诚地回应他人的问题，以建立更加真实有效的沟通。

7 好为人师讲大道理

子曰:"三人行,必有我师焉。"这句话是我们从小就背诵的一句古训,它既传达了孔子勤奋好学、不耻下问的良好品质,又表达了孔子能够在生活的方方面面中汲取知识的态度。我们从小就被教导,学习道理是好事,但如果有人天天试图给你当老师,耳提面命地讲大道理,恐怕谁也受不了。正如孟子所说的:"人之患,在好为人师。"那些喜欢对别人指指点点、以老师自居的人,有时并不是出于好意,而是以自我为中心,摆架子,试图以一种骄傲和狂妄的态度来彰显自我。

简而言之,他们以告诉别人"我知道的很多"为荣,这种心态是为了满足他们自身的虚荣心。那么这种人常用的句式都有哪些呢?

让我考考你

当网友们在网络上分享一些快乐瞬间时,经常会有一些自讳高明的人跳出来使用"让我考考你+不许百度"这样的连招给你突然一击。这类人通过这种方式，试图营造一种优越感。毕竟在他们事先准备好问题和答案的情况下，一旦考住了别人，就很容易产生自己比他人更优秀的错觉。

 我昨天去逛了博物馆，看到了越王勾践剑！看起来可锋利了！

你还知道越王勾践剑呢？让我考考你：越王勾践剑有多长？多重？出自哪个陵墓？

我当年……

俗话说：好汉不提当年勇。句句不离"我当年……"的人往往现在过得不尽如人意，他们没有什么实际的业绩或能力来证明自己，但是又很想教育别人几句，在这种情况下，他们就只好以年龄和资历来寻求一种心理安慰了。

要不是参加了这个植树活动,我也没想到种树其实这么难呀!

这有什么难的?我当年,可是种树的一把好手,当时我们……

苏格拉底说:"我唯一知道的,就是我一无所知。"因为一个人对于这个世界的了解越多,就会越意识到自己的认知有多么肤浅。真正的聪明人往往有着自知之明,了解自己的认知边界和能力范围。相反,那些只掌握一点点知识的人,却自以为"超群绝伦",他们追求着流量、利益和虚荣心的满足,急切地跟别人卖弄自己的知识、观念和情绪,最后的结果只会是让身边的所有人捂住耳朵,尽量远离他们。

低情商的反面案例暂且说到这里,下面让我们来看看工作中和生活中的高情商回复有哪些技巧。

第二章

如何高情商地应对面试

1. 在招聘软件上这样回复HR
2. 如何给面试官留下好印象
3. 面对刁钻的HR如何见招拆招
4. 复试时如何回答面试官提问
5. 与老板面对面该说什么

1 在招聘软件上这样回复HR

随着招聘软件的大力推广，我们在地铁中随处可见其宣传广告，BOSS直聘、51JOB、猎聘、智联招聘……在现在的职业市场里，招聘软件俨然已经成为招聘和应聘的主流渠道。在这个可以在线投递简历，并与HR进行简单沟通的媒介上，如何利用短短的几句话吸引对方、顺利拿到面试机会，其实也需要一定的对话技巧。

言简意赅介绍自己

一般HR会在网上沟通进行初筛，这个时候切不可长篇大论，HR不一定有那么多时间看，更不可说让HR去看简历，这样显得很敷衍，而应该进行简短、有针对性的介绍：你想要应聘的是什么岗位？你为什么可以胜任这个岗位？以便快速给HR留下好印象，获得正式面试的机会。

沟通职位：市场营销

你好，收到你的简历，想进行一下初步了解。

 HR您好，我关注贵公司很久了，对贵公司的市场营销这个岗位很感兴趣。我在市场营销方面有三年的从业经验，曾经做出××业绩。我认为我的工作经验与贵公司的营销岗位是匹配的。希望能得到这个机会。

高效利用快捷功能

部分招聘软件为求职者提供了快捷回复的功能，我们可以提前设置一些常用的语句来回复HR。但千篇一律的招呼语，被HR随机"翻牌"的概率很小，细心的求职者会根据不同的岗位设定不同的招呼语，在收到类似岗位时，可以直接选择快捷回复，节省回复时间，提高回复速度。

沟通职位：产品运营

您好，看到您的简历，希望了解一下。

 您好，我有两年产品运营经验，曾拉动业绩增长20%，请查收我的简历。

沟通职位：销售

您好，看到您的简历，希望了解一下。

您好，我有一年销售岗位的经验，接受出差，请查收我的简历。

在当今快节奏的生活中，面试前在招聘软件上的沟通十分重要。对于求职者而言，我们可以先详细了解真实的职位需求，同时也向HR传达了个人工作能力和态度。通过在招聘软件上与HR的初步沟通，我们也可以进一步确认自己是否符合要求，及时调整面试前的准备方向。

2 如何给面试官留下好印象

面试沟通，实际上也是一场推销会，只不过推销的不是商品，而是作为求职者的你本身。我们说"合适与否，就看眼缘"，其实说的就是人与人之间第一印象的重要性。第一印象也被称为"首因效应"，指的是首次接触某人或某物时在脑海中留下的印象。研究表明，人对于第一次接触时所留下的主观印象记忆深刻、持续时间长，且很难后期扭转。因此，这种"首因效应"在求职过程中就显得尤为重要，一次面试足以决定成败。在面试过程中，我们要注重自己的仪表仪容、言谈举止，让面试官对我们产生好感和信任。

自我介绍这样说

比如下面的面试场景。

> HR说：请介绍一下你自己吧！
>
> 求职者答：好的，我是林欣，毕业于林业大学，学习的是市场营销专业。在校期间，我曾任校外联部的部长一职，带领部员组织了学校的"女生节"活动，并且我个人拉来了2万元的企业赞助款。暑假期间，我也曾在喵喵面包坊做过营销类的工作，帮助面包坊在一个月内提升了10%的销售额。所以，我认为自己比较适合这类市场营销方面的工作。另外，我的性格比较开朗乐观，擅长与人沟通交流，所以我相信贵司这份市场营销的岗位跟我个人是非常匹配的。

一般来说，自我介绍是你面试的第一个问题，请务必好好准备！自我介绍的时长建议不要超过三分钟，否则会很容易让人抓不到重点。至于内容方面，可以仿照上面的例子从以下三个方面准备。

· 个人信息：专业和毕业院校；

· 工作经历：跟当前面试岗位所匹配的经历，要突出你曾经的业绩；

· 个人总结：简单提一下性格方面的特点，这个特点最好跟岗位相匹配，最后加一句适合岗位的总结即可。

有备而来

面试是一场个人战，要想成功，不能打无准备的仗。我们可以提前在网络上搜索面试相关资料，预测面试题目，尽可能全面覆盖到岗位要求、个人履历等方面，以便在面试过程中更加自信从容。此外，我们还可以搜集和了解公司的相关信息，如果能够了解到面试岗位的相关情况就更好了。请注意一个细节：准备多份打印简历，避免来面试官看不到你简历的尴尬场面出现。

 你之前了解过我们公司吗？

当然！我之前在网络上查询过，贵司被称为"科技类公司的天花板"，最新推出的新型智能机器人已经投入市场使用，并占据了该类产品的销量榜首。

俗话说——细节决定成败，有时候一些不起眼的细节往往能起到关键作用。面试前，我们需要做好充分的准备，在面试中则需要保持自信的状态和积极的态度，谈吐大方、从容面对。在发挥个人实力的前提下，如果能掌握好沟通技巧，把握好关键细节，相信你一定可以给面试官留下深刻的印象，收获好结果。

3 面对刁钻的HR如何见招拆招

　　HR的面试，往往是你进入一家公司的第一轮面试。HR作为负责人力资源管理的人，自然是"阅人无数"，因此，他们的面试问题通常涉及你的职业素养、团队合作能力和职场价值观等方面。有一种说法是——我走过最长的路就是HR的套路。那么HR都有哪些套路呢？主要有以下几种情况。

　　HR问："你能接受加班吗？"潜台词其实是：你能接受加班没有加班费吗？

　　HR问："你的未来规划是什么？"潜台词其实是：你能在这里稳定工作下去吗？

　　因此，我们在面对HR面试时，虽然可能不涉及专业知识，但是如何"避坑"，展现出专业、合作、积极的一面是至关重要的。那么在面对HR时，我们该如何见招拆招呢？

你能接受加班吗?

> HR问:你能接受加班吗?
> A答:不接受,我从不加班。
> B答:如果工作任务没有完成,当然可以适量加班。
> C答:有加班费才加班。没有加班费则不能接受。

以上三个回答,你会选择哪一个呢?其实选哪一个都没错,关键看你的个人需求。

HR询问你不懂的领域时

不懂就是不懂,不要不懂装懂。坦率且大方地承认自己的不足更容易获得好感。

谁也不是全知全能的人,面试不是高考,有的问题并不是只有唯一的正确答案。当我们在面试中遇到不懂的问题时,不要惊慌失措,往往在这个过程中面试官更看重的是你的态度和随机应变的能力。因此,对待没听清或不明确的问题可以要求重复或虚心请教,适当为自己申请思考时间;对于完全没接触过的领域也不要不懂装懂,如果确认和工作内容无关,也可以尝试申请更换问题。

关于AI行业的发展趋势,您怎么看?

抱歉,这个领域我暂时还没有了解过。如果工作上有需要,我会认真学习并了解。您可以问我其他问题。

为什么会选择我们公司?

　　HR问:听了你刚刚的自我介绍,感觉你还是非常优秀的,请问你为什么会选择我们公司呢?

　　求职者答:首先,就像我前面介绍的一样,我根据自己的工作经验、个人性格和对未来职业发展的评估来判断,确定自己会在市场营销的岗位谋求长期发展;其次,在相同岗位的筛选过程中,我发现贵司的这个岗位比起其他公司,更为匹配我对自己未来的预期;最后,

> 我其实也和一些已经在贵司工作过的学姐有过交流，他们对贵司都是好评满满。因此，不管是在职业匹配上、还是在对员工的培养上，贵司都符合我的期待。

听到这个问题，你是不是会下意识地以为，吹公司彩虹屁的机会来啦？NO！其实这道题目背后真正想考察的是：求职者对自己的职业是否有所规划，对公司的业务及所处行业是否有所了解。因此，我们可以将这个问题分为以下三个部分来回答。

·**个人匹配度**：这是回答的重点，要突出自己的个人经历和公司岗位的匹配程度；

·**行业背景**：简单分析下行业情况，不用说得非常深入，但要体现自己对发展前景的思考；

·**人文关怀**：要表现出对公司文化价值观的认同，如果有认识的人在公司内部则比较好回答，没有的话也可以说一些网上公开的资料和内容。

HR面试是整个招聘流程的中非常关键的一环，公司希望通过HR的面试较全面地了解你的综合素质。其实从上面两个经典的面试问题中不难看出，HR所看重的是你是否有所准备、你的逻辑思维和性格方面的情况，因此在回答问题时，要真实展示自己的专业能力、团队协作精神以及对公司文化的认同。同时，保持自信，展现一种积极的态度。

4 复试时如何回答面试官提问

在通过HR的初试后,复试的面试官往往是你未来的直属领导,因此这是非常关键的一步。领导往往更关心你对当前工作的把握程度,以及你是否愿意承担这项工作。因此,对于复试的准备,我们更应着重准备如何处理工作问题的回答,最好是可以将过去的经验转化为一种方法论。

当然,方法论并非虚无缥缈的概念,它是在实践中积累总结而成的成功经验。提前对你过去的成功经历进行深入思考,总结出适用于当前岗位的方法论,将有助于凸显你在这个领域的经验和深度。这种积极的总结不仅能够让你在面试中更有信心,也为你争取到更高薪水打下坚实的基础。下面我们用几个实际的例子来感受一下。

专业能力的展示

领导问：你在曾经负责的推广项目中，遇到过哪些具体的挑战？你是怎么解决的？

求职者答：比如某个推广项目是一个比较复杂的数字化转型项目，我们面临了紧迫的时间表和高度定制化的需求。其中最大的挑战是确保项目能够按时完成，而且在实施过程中不影响业务运营。我主动与团队成员沟通，提出了一个更高效的工作流程，这个流程简单地概括如下：……最终，我们按时完成了项目，而且整个团队的协作效果得到了提升。

你的直属领导往往关注的是你在问题处理方面的能力，因此我们在面试前需要准备一个具体的案例。在这个案例中，需要有一个相对具体的困难，并且要展示你的思考路径及方法论，强调自己如何在压力下取得成功。当然，如果有具体的数据支持是最好的，这种实际的案例有助于领导更全面地了解你的专业素养。

解决困难的思路

领导问：如果你在实际工作中遇到了一些困难，比如业务团队不配合，你会怎么办？

求职者答：工作中出现一些困难是难免的，但是我认为团队只要有专业的素养、良好的合作精神以及事前周密且充分的准备，任何困难都是可以得到最大程度解决的。比如您刚刚提出的这个问题，我们首先在前期就要做好业务团队的调研，减小这种问题发生的概率；其次，如果问题真的发生了，我们应该第一时间响应，咨询业务团队遇到困难，并积极处理；最后，如果还是无法解决，应当适当的升级问题，请领导自上而下地给予支持。

这也是个非常常见的问题，在这里，你的领导未必想看一个具体的解决方案，他更看重的是你面对困难时的态度和解决思路。因此，我们要先表明出一个积极的态度，再去探讨解决方案，即使一时之间想不到特别好的解决方案，也可以使用通用的思路，从问题发生前、发生中、发生后来捋顺逻辑进行叙述。

在复试面对领导时，我们更需要全方位展示自己。通过展现专业能力、团队协作、对公司的理解和对未来的规划，我们可以更好地满足领导的期望。同时，展示积极的学习态度和自我提升计划，也能够体现你对个人成长的追求，使你在复试中更有竞争力。记住，在这一关，除了回答问题，更重要的是展现你是一个能做事、有能力、能够为团队带来价值的候选人。

5 与老板面对面该说什么

当你顺利通过前面的初试、复试两大关,成功来到终极面试时,恭喜你!这意味着你的专业能力已经基本符合要求。然而,这一轮的最终面试不再只是技能与经验的检验,更是对你性格、思考方式等方面的深度洞察。

在这一轮的面试中,你将面对的是公司的高层管理,或者是老板。在这个阶段,面试官更关心你的性格、态度。终面的提问往往不再围绕基本技能和工作经验,而是更深入地挖掘你的个性、思维模式等。在这一阶段,绝对不能大意。

战略性思维

老板问:你怎么看待公司未来的战略发展?你认为我司在当前行业中的位置和未来的定位是怎样的?

求职者答:我认为公司目前在行业中的地位已经是比较稳固的状态,但我也注意到市场环境在迅速变化。

在未来，我认为公司可以通过拓展国际市场、加强数字化转型等方面来保持竞争力。我的职业目标是能够在公司的战略实施中发挥积极作用，以使公司在激烈的市场竞争中保持领先地位。

老板的地位决定了他的思维方式往往具有更高的视角，他对求职者的面试往往也更看重成长性，也就是看你是否适合进行培养。因此，有关行业背景、业务的信息一定要提前了解，在回答中展示对公司未来发展的深刻思考，并表达自己希望长期为公司做出贡献的决心。

个人发展规划

老板问：在你看来，你个人的优势和发展方向是什么？未来几年你有怎样的职业规划？

求职者答：我自认为我的优势在于创新思维和解决问题的能力。未来几年，我计划通过不断学习和实践，提升自己在行业中的影响力。我希望能够在更大的领域中发挥我的专业知识，并通过与优秀的团队共同合作，实现个人和团队的共同成长。

老板往往看重未来的发展，因此这类问题几乎是必问的一道题目。在回答此类问题时，我们应秉持积极的态度，表达对自己的清晰认知和对未来的积极展望。

　　我们能够走到终面这一关，实际上说明企业已经对我们有了一定的认可，但是也千万别掉以轻心。提前做好准备，试着从更高的角度去思考问题，并展现积极向上的态度，相信一定能收获自己想要的结果！

第三章

初次见面如何避免冷场和尴尬

1 见到新同事，可以这样说
2 初次见到领导，可以这样回
3 客户问询时，可以这样回
4 如何在公众面前介绍自己

1 见到新同事，可以这样说

对于一些刚进入职场的新人来说，他们要面对的问题不仅仅是工作，还有一些人际关系的处理。有些人缺乏社交经验，对于社交场合的规则和习惯不够熟悉；有些人缺乏自信，与不熟悉的人交流时会感到紧张。

在职场中，能够快速融入新环境的能力十分重要。当我们在新环境面对新同事时，应时刻保持热情，尽快跟上对方的节奏。

真诚永远是必杀技

有时候费尽心思地去想一些场面话，还不如直截了当地说出此刻内心的真实感受。这种真诚往往能快速地打破原本紧张的气氛，拉近你跟同事之间的距离。

你是新来的小何吧？

 是的，我是小何，今天是我第一天上班，还有点儿紧张呢。

哈哈！别紧张，咱们公司的同事都挺好相处的。

寻找共同话题

在和刚认识的同事沟通时，不要害怕展示自己的喜好和想法，也不要害怕被拒绝。除了常规的自我介绍，也可以仔细观察，或主动询问对方一些开放性的问题，比如他们的兴趣爱好、假日计划等。通过倾听对方的回答，你有机会找到双方共同感兴趣的话题，以增进彼此的了解。

你是新来的同事小何吧?

 是的,我是小何。张姐,真巧呀,我们俩打的菜是一样的!您也喜欢吃鱼?

　　人与人的交流是在互动中产生的,但在和同事进行初次交流时,要注重谈话的平衡,学会倾听,避免一味地自我表达;同时也要保持尊重,避免询问对方过于私人或敏感的问题,这可能会让对方感到被冒犯。并热情地回应对方的言辞,表达你对话题的兴趣,使对方感到你是一个乐于交流的伙伴。这样的互动能够让你们加深对彼此的了解,打破冷场,建立更加融洽的同事关系。

2 初次见到领导，可以这样回

对于很多职场小白来说，跟同事的交流还可以应对，但一见到领导，内心就会紧张不安，甚至手脚都不知往哪摆。那么在与领导初次见面时，如何避免尴尬和冷场，言谈大方得体呢？

真诚的自我介绍

自我介绍是领导首次了解我们的方式，简短、真诚的自我介绍，不仅能够展示我们的自信和专业素养，帮助领导快速了解我们的身份信息，同时也为后续的工作提供了一个良好的开端。

段总,这是项目部新来的小张。

 小张啊,工作感觉怎么样?

 段总您好!我叫张铁柱,西北大学毕业。目前正在跟刘敏姐一起跟进健康服务中心的项目。非常感谢公司给我这个实习机会。

表现谦虚积极的学习态度

如果跟领导的第一次见面就得到夸奖,可以适当地表现自己谦虚的、积极的工作态度,从而展示我们是乐于与他人合作、不骄傲自满的人。同时,也可以稍微提及一些自己未来的学习规划和职业规划,展现我们的学习态度。

小李，这次表现得不错啊，我听王利说了，多亏了有你，项目才能圆满成功。

王总过誉了，项目能取得成功离不开王姐的支持和团队内成员的共同努力，我会继续向大家多多学习，不断精进自己的专业能力。

总而言之，在与领导的初次见面时要稳住心态，不要显得过于卑微，更不可张狂。在回答领导所提出的问题时，应该尽量贴合实际，进行全面、有逻辑性的表达，尽量避免使用"可能"、"也许"这样不确定的回答，即使自己真的不清楚，也可以表示自己稍后会跟进，然后及时给领导一个确切的答复。

3 客户问询时，可以这样回

在我们的日常工作中，虽然与同事和领导的互动颇为频繁，但与客户的会面机会却相对有限。正因如此，很多新手在首次与客户会面时，往往会感到紧张不安。由于缺乏充分的准备，很多时候，到了与客户见面的那一刻，才发现自己词穷、尴尬，难以找到合适的话题展开交流，更遑论进一步探讨业务合作了。

在首次与客户见面时，我们不仅要关注如何为客户公司带来利益，更要展现自己的专业素养。具体来说，我们可以在首次见客户时，采取以下策略。

提前了解信息

在会面之前，我们首先要做的就是了解客户的信息，包括其公司的业务、需求和期望等。然后准备好必要的文件、资料，包括演示文稿或样品，这可以让你更自信地展示你的服务和产品,并且能够更好地向客户传达想法和观点,以便与客户进行更深入的交流,更精准地把握他们的需求,从而提供更符合他们期望的服务或产品。

这是你们的最新产品吗?我看着怎么跟之前那款差不多呢?

 客户请放心,这就是我们公司的最新产品。它增加了智能语音提示功能,还采用了先进的清洁技术,能够更好地满足贵公司对于清洁的各项需求。

倾听和记录

在客户提出需求时,我们应保持专注和关注,让客户充分表达自己的观点和想法,不可以随意中断客户的发言或转移话题。同时,我们不仅需要关注表面信息,还要认真倾听、努力理解客户的意图和需求。最重要的是及时记录客户的观点和需求。这样不仅能更好地回顾和总结客户的意见，还能确保不会遗漏重要信息。

这次的装修方案，我提几点要求，一是……二是……三是……四是……

好的，您的意见我们已经全部记录，会尽快拿出符合您需求的最优方案。

在与客户初次见面的过程中，展现专业和自信是避免冷场和尴尬的关键。在会面之前，我们应做好充分的客户了解工作；而在会面时，则应保持微笑、倾听和友好的态度。通过传递热情和愿意帮助客户的信号，我们能够让客户感受到舒适和放松，为双方的合作奠定良好的基础。

4 如何在公众面前介绍自己

生活中，有些人即便在一对一沟通时能够应对自如，一旦在人多的场合，需要当众讲话时，便会感到极度尴尬，无所适从，甚至不知该如何开口。尤其是在多人会议时，哪怕是基本的自我介绍，对他们来说也像一场令人痛苦的"酷刑"。

为了有效避免这种尴尬和不适，我们可以掌握一些实用的小技巧。以下几点或许能够助你一臂之力。

简洁而生动的自我介绍

在非正式的同事聚会的场合下，我们的自我介绍可以不像面试时说的那样严谨。简单一句介绍工作的信息后，可以着重说一下自己的性格和个人爱好，说不定可以吸引有相同爱好的同事和你成为朋友。

大家互相认识一下吧！我们先欢迎小李做自我介绍。

大家好，我叫李明！在公司里我主攻设计领域，思维比较跳跃，喜欢在设计中加入一些有趣的小元素。生活中呢，我是个吃货，也是个二次元迷。期待在这里认识更多的同事，和大家一起创造更多有趣的工作时光！

关注点引导与互动

在正式的会议中，自我介绍需要稍微严肃一点儿。在会议开始前，我们可以先了解一下本场会议的主题，在自我介绍时带上这个主题，这样我们能给大家留下较深印象，在后续的讨论发言中，也能占据一席之地。

新同事自我介绍一下吧!

大家好,我叫张敏!是设计部新来的设计师。刚刚听到大家在谈论最近的AI绘画,觉得很有意思。我之前参与过相关的项目,对AI绘画有一些看法,期待在工作中与大家共同分享经验。

  在面对众人的自我介绍中,内容的设计尤为关键。我们不仅要以简洁明了的方式阐述自己的身份,更要巧妙地引起他人的兴趣,留下深刻的印象。为了达到这一目的,我们可以尝试将自我介绍的内容注入更多趣味性。不妨分享一些个人的兴趣爱好,或是引入近期的热点话题,甚至用一个轻松幽默的小玩笑来拉近与听众的距离。这样的自我介绍不仅能够展现你的个性,还能让听众在轻松愉快的氛围中更好地记住你。

总结

初次见面，就像打开一本全新的书，你永远不知道会发生什么样的故事。有时候是正规紧张的面试，有时候是轻松愉快的新同事茶话会，又或者似朋友间热闹的派对。不过，不管是什么场合，冷场和尴尬这两个"小怪兽"总是会时不时跳出来捣蛋。

那么，怎样让初次见面变得轻松愉快呢？关键就在于开场白。别把它想象得太严肃，就像是在玩一个"破冰游戏"。一个幽默风趣或是充满生活气息的问候，瞬间就能打破尴尬的气氛。

当然，除了开场白，找到共同话题也是让聊天持续升温的秘诀。你可以留意对方的穿着、配饰，甚至是他们手上拿着的那杯咖啡。或者，你也可以像个记者一样，提出一些有趣的问题，比如："最近有没有什么好看的电影推荐？"通过这样的方法，轻松发现彼此的共同点，让聊天话题深入。

初次见面并不可怕，只要掌握了这些小技巧，你就能让每一次的相遇都充满惊喜和乐趣。记住，真诚、自信和关注对方是最重要的。用心去交流，你会发现，很多初次见面，能一面如旧，乃至相谈甚欢。

第四章

在工作中如何面对领导

1 受到领导表扬时如何回

2 被领导批评时如何回

3 领导单独安排任务时如何回

4 领导在群里分配任务应如何回

5 同时面对上级领导和直属领导时该如何说

1 受到领导表扬时如何回

当领导在大家面前表扬你最近的工作表现不错时，你是不是只会支支吾吾，不知道该如何应答？如果你只说"谢谢"，会显得有点儿敷衍；可如果你说："哪有哪有，都是您指导得好呀，没有您这样的领导哪里来的业绩提升呀！"这就更加不合适了，不仅容易引起领导的反感，还会让其他人觉得你过于做作。因此，当我们受到领导夸奖的时候，怎样的回复才能既让领导满意，又能收获同事们的好感呢？

感谢并分享团队荣誉

当领导表扬你的时候，首先要做的就是感谢领导。感谢他的栽培和认可、支持与帮助。其次要照顾到团队中的其他同事，毕竟"一人不成众、独木不成林"，没有一个项目是可以靠一个人独自完成的，对同事表达感谢，也便于后续工作的继续合作。

小安,你在这个项目中的贡献真的很大,做得非常出色!

您过奖了,还是多亏您的支持,这个项目才能顺利完成。而且这次的成功离不开大家的共同努力,小张和老李在这个项目中也都出了不少力,非常感谢团队中的每个人!

表现谦逊和学习的态度

当我们得到领导的表扬时,除了诚恳地道谢,我们还可以适当表示自己有些方面依然做得不够好,还有需要继续提升的方面,以此来展示你的谦虚和自省。让领导知道,你不会因为一次表扬而骄傲自满。毕竟在职场中,虽然工作能力很重要,但是工作态度更为重要。

小张,你这次与客户沟通做得非常出色,成功地促成了一笔大生意!

谢谢您的认可,我会继续学习并提升自己的沟通技巧,确保在未来的项目中更好地服务客户。

谁都爱听表扬的话,尤其是得到领导的表扬时,我们往往会觉得自己的辛苦没有白费。但是该怎样进行得体的回复,需要仔细斟酌。成熟老练的职场人在这种情况下,往往能够给出周全的高情商回答,不仅能促进职场人际关系,还能让自己的事业更上一层楼。

2 被领导批评时如何回

有表扬，自然也就有批评。在职场中，每个人都难免出现工作失误或被误会的情况，这对沟通技巧和职业素养是一大考验。在面对领导的批评或指责时，我们需要以一种积极的、成熟的方式去回应，表现专业和负责任的态度。那么面对领导的批评或指责时，我们应该如何正确应对呢？

不要急于争辩

团队中出现突发情况很正常，有可能是工作中的疏漏，也有可能是沟通不畅导致的误会。当领导带有情绪批评你时，不要急于与之争辩，这样很有可能会让问题升级，被领导认为工作态度有问题，或者认为你在推卸责任。我们可以先安抚领导的情绪，再用自己的话复述一下领导刚才表达的内容，确认问题并及时跟踪。请注意：这并不代表你接受了批评或指责，也不能把责任转嫁他人。确认领导当前的想法与现实情况是否一致,是你当前的首要任务。

李丁,客户说货物没有按时在今天送达,这是什么情况?你有没有把客户放在心里?

王总,您别生气。上周我就已经把货物寄出了,我查一查是不是仓库或者物流出了问题。

提出解决方案

对于确实存在的问题,我们不仅要积极承认错误、表达歉意,同时也要真诚地回应批评,并给出切实可行的解决方案,展现我们的职业素养。

小李，项目进度已经延误了，你要多注意跟进。

领导，对不起，我确实没有预料到这个情况，后面我会跟各个团队一起，完善沟通机制，及时推动项目进行。

　　积极且成熟的回应方式往往是应对领导批评的关键，通过以上技巧，我们可以展现积极向上的态度，同时把问题对实际工作的影响降到最低。这样一来，我们不仅能解决问题，还能在职场中赢得更多的信任和支持，推动个人职业的稳步发展。

3 领导单独安排任务时如何回

当接到领导分配的任务时，很多人只是简单地回复一句"好的"或"收到"。这种回复实际上潜藏着一些问题。

下属在忙什么？交代下去的事情进展如何？在执行任务的过程中有没有遇到问题？这些疑问都是领导常常挂在心上的。如果我们对领导安排的事情并未理解透彻，就贸然地投入工作，很可能会越做越错，无法达成领导的预期。那么，在这种情况下，我们应该如何回复呢？

主动确认细节

当接到领导的任务时，你应该第一时间确认任务的具体细节。这不仅可以展示你认真负责的工作态度，也能为你后续顺利完成任务奠定基础。卡耐基说："一个不注意小事情的人，永远不会成就大事业。"正是因为你能够把一件件小事办得妥帖，累积了领导对你的信任，最后才能换来他放手让你做大事的机会。

提出初步思路

及时向领导反馈自己执行任务的思路,是至关重要的一步。这不仅有助于自己梳理工作思路,还能够了解领导的预期,让领导确认你是否真的理解了他的意图。这样我们就可以在工作前期节省沟通成本,也避免了方向上的错误,以免后续出现反复修改的情况。

 小程,尽快做一份下季度营销方案。

好的,我明天下班前就把方案发给您。我计划从预算规划、活动设计执行、人员安排这三个方面来写,您看是否合适?

在面对领导安排的任务时,你的回复需要明确传达两个信息:一是你是否接受了这项任务;二是你的后续安排是什么。即使这个任务需要一定时间才能够完成,也要先回复领导,给出一个预估的完成时间,以免造成不必要的误会。

4 领导在群里分配任务应如何回

即时通信软件，相信你的即时通信软件里一定有许多工作群，很多时候领导都是直接在群里下指令或查看工作情况。在工作群中，往往涉及需要多个部门同时对接的情况，比领导单独安排任务更加复杂。除了需要考虑领导是如何看待的，也要顾及我们的回复是否会对其他同事产生影响。那么应该如何做才能既让领导满意，也顾及了其他同事的感受呢？

第一时间回复

在工作群里安排的工作，内容通常是针对很多人或整个团队的，所以有些人会觉得这跟自己关系不大，就算不回也没有什么影响。但长此以往，老板可能会觉得你的工作态度不够积极。因此，无论我们在项目中的参与度如何，收到相关的群消息时，一定要第一时间给出反馈，哪怕只是简单地回复"收到"或是"好的"、"没问题"，也能让领导知道你时刻在跟踪项目的动向。

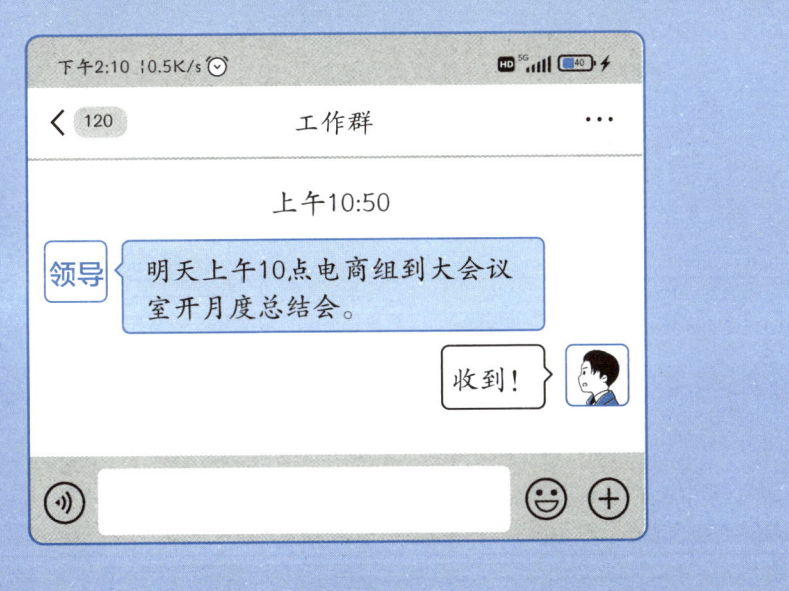

私下单独沟通任务详情

工作群里的工作任务往往涉及多人协作，如果直接在群内询问任务细节，一方面可能会将重要的内容覆盖，不利于信息的传递；另一方面，这种行为可能会显得群内其他同事不够积极，没有用心推进工作，引起其他同事反感，不明不白地给自己贴上了"好表现"的标签。

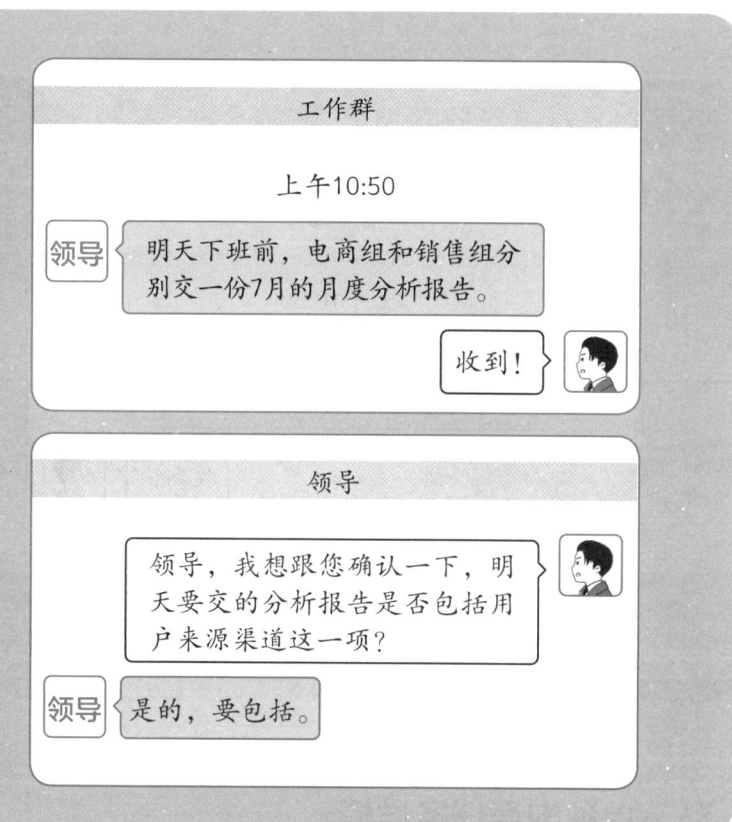

因此，在工作群这种特殊的办公场合，我们要注意回复的尺度，既要及时响应领导的要求，做好自己的工作，同时也要注意是否会对同事产生潜在的负面影响，避免给自己树敌，让自己在公司陷入孤立无援的境地。

5　同时面对上级领导和直属领导时该如何说

在职场中，有时也会和更高一级的领导接触、沟通、汇报工作。如果你与上级领导接触过多，没有考虑到直属领导的感受，可能会让他人觉得你想谋权篡位、架空直属领导；但如果你试图对直属领导表忠心，对上级领导过于冷淡，又会给公司高层留下你办事不力的印象，对日后的升职加薪也很不利。那我们该如何巧妙地平衡上级领导和直属领导之间微妙的关系呢？

把直属领导拉入任务中

有时，上级领导可能会习惯性地把所有员工当成同一职级去分配工作。但请谨记，无论这个任务是否和直属领导有直接关联，都要或多或少地在对话中提及他。这样不仅可以避免产生架空直属领导的误解，同时也可以给自己找一个能够托底，及时给予支持的人。

 小张,下季度的营销规划就由你来负责。

好的,陈总。周会上李主任已经带着我们梳理了关键节点,我细化后找二位领导一起开会碰一下。

及时与直属领导同步信息

尽管不提倡越级管理,但是上级领导临时抓人干活也是时常会发生的事。如果这会影响目前的工作进度,那就需要第一时间告知直属领导,让他知道现在工作的情况是怎样的?上级领导的需求是什么?对团队项目的进度有什么影响?

小张,明天下班前给我一份年度报告的PPT,我后天开会要用。

好的,我现在手里有一个项目的收尾工作,我跟李主任沟通一下优先级。

　　作为下属,如果越位直接与上级领导沟通,那么直属领导可能就会视你为"危险角色"。因此,我们需要掌握与领导们沟通的时机与技巧,并保证信息传递的及时性和畅通性。

总结

  与工作本身相比，似乎职场中的人际互动往往需要投入更多的精力和心思。但其实，只要我们抓住以下几个重点就可以让自己更自如地与同事和领导相处。

  一是勇于承担责任，不断思考、不断改进。二是时刻谨记自己的角色，不骄不躁，多站在他人的角度思考问题，避免招致他人反感。三是与同事沟通时可以稍稍放松，但是也要切记：同事不是朋友，在交流时也要注意分寸。四是及时回复领导，然后尝试给出初步的计划或思路，让领导对你更放心。

  此外，每句话在说出口之前，都要仔细斟酌，尽量把其他同事和直属领导的处境考虑在内，避免为自己树敌。

  俗话说"站得高，看得远"，在思考问题时，我们要学会站在领导的角度，把握事件的全局，围绕整体工作思路、中心工作、难点问题去领会领导的意图，推动工作发展。在与领导的相处当中，做到事事有交代，件件有着落。这样才能得到更多的机会和成长。

第五章

在工作中如何面对同事

1 委婉拒绝同事委托的分外工作

2 同事对你阴阳怪气如何回

3 同事真心夸奖你如何回

4 同事不配合工作时如何回

5 被同事误解时如何说

6 向同事提建议时如何说

1 委婉拒绝同事委托的分外工作

尽管我们都是以积极的态度面对工作和同事，但也偶尔会遇到一些奇葩，一不留神，就会背上同事丢过来的"黑锅"。无论是职场中的"新面团"还是"老油条"，"我的同事总推活儿给我"绝对是职场吐槽的热点话题。尤其有些工作的职责划分不明确，更容易出现不负责的同事相互推诿的情况。在这种情况下，我们该如何应对呢？

反客为主，求助吹捧

没有边界感的同事之所以会推脱工作，往往是抓住了我们好面子且不愿纠缠的心态。这时，要学会反客为主，以其人之道，还治其人之身，吹捧抬高同事并给他们提出更复杂棘手的问题，目的是间接地发出警告，告诉对方：不要随意越界。他们自然会意识到自己给别人带来了困扰，知难而退。

小杨,这次的销售方案,你有空的话就帮我写一下吧。

您来得正好,我正有急事求您帮忙呢!处理这个数据您最在行了,先帮我看看吧!

借力打力,嘴软心硬

拒绝别人有成百上千种话术,与别人正面发生冲突是性价比最低的一种方式。如果同事把职责边界比较模糊的事情安排给我们,不妨嘴软心硬,将矛盾转移给级别更高的领导。这并不是打小报告,毕竟谁负责什么工作,是由公司制度和领导决策决定的,而不是同事之间商量能决定的。

小周，你有空吗？我着急接孩子放学，销售报告你帮我做吧，二十分钟就能做好。

我也很想帮忙呀，但我正准备去向王总汇报工作，要不我先问一下王总怎么安排？

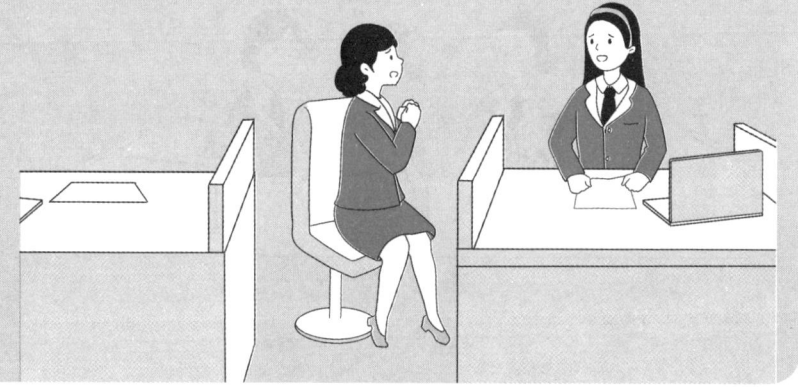

在职场中需要牢记：我们不是任人指挥的小兵。的确，我们有责任完成自己的本职工作，但并不意味着要承担超出职责范围的工作。杜绝过度负责，不做毫无原则的老好人，才能更有效率地做好本职工作。

2 同事对你阴阳怪气如何回

在职场中，虽然工作能力很重要，但情商也很关键。拥有良好的情商可以帮你应对各种复杂的人际关系和尴尬局面。很多人说话夹枪带棒、阴阳怪气，无非是因为他们的情商较低，或是故意为之。遇到如此难题，最好的办法就是以巧劲回应，四两拨千斤。

谁还不是个阴阳人了

在职场中，有些人可能会使用不当的语言和行为来攻击他人。面对这种情况，直接反击可能会让我们显得过于敏感或者小气。相反，我们可以巧妙地利用对方的言论和逻辑来回击。当然这种方法也需要一定的技巧和经验，保持冷静和理智至关重要，否则可能会适得其反。

小冯，我看你每天一到下班时间就走，全公司就你下班最积极，一分钟都不多待呢。

是啊，因为我的工作都按时完成了，你总是这么关心我，难怪每天都加班呀！

拒绝自证，反戴高帽

　　当别人不怀好意地嘲讽你时，我们不要否定自己或试图自证。相反，我们可以顺着他的话继续往下说，既然选择站在制高点来指指点点，那就请对方接受这份"零分作业"吧。先把对方捧上天，给予足够的夸赞和尊严，在此基础上掌握主导权，传递工作任务，对方便会哑口无言。

此外，如果对方的话让你感到不舒服甚至感觉受到了冒犯，最好的反击就是不予理睬；或者用幽默的方式来回应言语攻击。例如："哇，你的口才真是太好了！要不报名参加辩论比赛吧！"但如果对方的言语攻击已经超出了你的底线，请不要内耗，及时向上级领导汇报和求助，也不失为一种对策。

3 同事真心夸奖你如何回

美国人际关系大师卡耐基说："一个人的成功，百分之十五取决于他的知识和技能，百分之八十五取决于口才。"在职场中，优秀的人时不时就会互相赞美，这种赞美可能是发自肺腑的，也可能是开玩笑式的互动，这都是职场交流的一部分。我们除了要分辨哪种是真心的夸赞，还要给予得体的回复。

不妨"雨露均沾"

人人都爱听赞言，在面对同事的夸奖时，我们可以用回赞的方式来回应，既坦然接受了同事的夸奖，同时也"雨露均沾"，将积极的夸赞递给对方。并且，这种回赞最好有具体的事例来支持，这样才能显得更加真诚。

多亏了你,这个项目才能顺利谈下来,我真佩服你呀!

还不是全靠你带着大家连夜帮我整理资料,这是咱们团队的功劳!

保持谦逊,同步利他

在面对夸奖时,除了回赞,我们也可以适当发挥利他主义精神,站在对方个人发展和团队共同发展的角度上,分享自己的经验和知识,不仅能塑造谦逊友爱的"人设",也能促进团队发展。

你做的数据分析报告好新颖啊,看着也太清晰了吧!

没有啦,怕领导不满意,我自学了这个软件,等会儿我发你几个模板,你以后直接套用就行。

当面对同事的夸奖时,很多人往往只在心里开花,口舌却发直,踌躇不知该如何回应。如果我们不能大方接受赞美,对方会陷入尴尬的境地,但也不能过度自信或骄傲,这也会让对方感到不适,如果能够谦逊地接受夸奖,并在被夸奖时也肯定其他伙伴的付出,无论是领导还是同事都会给予我们更多的认可。

4 同事不配合工作时如何回

当团队的成员变得足够多时，就会遇到各种各样的人和事。虽说我们应该接纳和尊重不同的人的观点和表现，但团结协作是工作取得成功的保障，所以对于不配合工作的同事，需要我们及时沟通解决。那我们如何最大限度地争取同事的配合呢？

及时提醒，逐步推进

在与同事合作推进工作进度时，首先要在同频的条件下进行，确保双方在同一战壕中努力。如果对方有其他紧急事务需要处理，无法及时交付工作，也不要急于催促。我们可以适时询问他们目前的工作进展，并在重要的时间节点前提醒他们。切记要循序渐进，不要急于求成，在工作推进的过程中，让同事逐渐了解、信任我们，从而推动工作顺利完成。

小李,你那篇稿子我没时间做,要不你找别人帮忙?

 别人哪有你做得好啊!你稍微抽一点点时间就好啦!不急,你先把手头工作忙完,我明天再来找你。

适时向上升级

当尝试了各种方法,但同事仍然抱有不满、不配合工作时,我们也可以考虑与直属领导进行适当的沟通。如果同事不希望你把这点儿小事反映给领导,就会答应配合。但如果同事仍不愿配合,就只能找领导沟通换人了。成熟理智的职场人都明白,此时的沟通并不是恶意打小报告。在向领导反映问题时,要巧妙地表达,并提出我们的解决方案。

小陈比我更熟悉这项业务，要不你让小陈来协助你？

建议不错，我去跟领导沟通一下，换小陈来协助。

领导，目前看来小陈比小何更熟悉这项业务，可否考虑让小陈来协助我？

可以，我去跟他的领导沟通。

在职场中遇到不配合工作的同事时，不要急于埋怨或生气内耗。我们可以尝试从多方面寻找原因并解决问题。避免因冲动而逞一时口舌之快，因小失大。

5 被同事误解时如何说

在生活中,你是否遇到过被人误解的情况?有时候只是想安静地待一会儿,却被人误会是高冷;有时候和同事、领导稍微热情一点儿,又被误会成心机深重。

村上春树说:"不是所有的鱼都来自同一片海洋。"由于每个人的思维方式和价值观有所不同,因此在与人与人的相处中,最难的就是相互理解。被人误解是生活中常见的情况,那么当我们被人误解时,该如何正确化解呢?

保持冷静,深入沟通

每个人接收和消化信息都受自身的认知经历、文化背景所左右。因为每个人的经验不同,所以如果单凭自己的认知去判断对方行为,误解就会随之产生。而保持冷静心态,进行有效的沟通则是化解误会、保持良好关系的关键。

你为什么没有按照我说的方法来做这个任务？我已经跟你解释过了，这样做的效率更高。

抱歉，我理解您的方法，但我认为我的方法更适合这个项目。要不我们一起讨论一下，看看哪种方法更适合这个项目？

及时解释

在我们对他人了解的程度不深时，仅凭过往经验判断，其实很容易产生误解。在产生误解时，要及时沟通化解，或许这个过程有可能成为你们建立友谊的契机。

你是在生气吗？是对项目的实施方案有什么不满意的吗？

我没有生气，您误会了。我只是在专注的时候看起来比较严肃。

　　被人误解是再正常不过的事了，哪怕是身边最亲近的人，也不是总能明白你内心的想法。作家三毛说："你对我的百般注解和识读并不构成万分之一的我，却是一览无余的你。"如果只是因为沟通不足，那么在被误解之后需要保持冷静，采取积极的沟通来消除误会，最重要的是，要保持内心的平和与坚定，不要让他人的评价左右自己的情绪和信念。

6 向同事提建议时如何说

每个人都有缺点，而这些缺点往往会被最亲近的人发现。因此，当你注意到同事的问题时，应该如何巧妙地提出，才能避免让对方感到被冒犯呢？

建议的质量要高

我们提出建议时，需要指出如何改进，而不是仅仅陈述存在的问题。建议应该既真实客观，又有实际可操作性。同时，也要解释清楚为什么要这么做。为了让对方更好地理解你的建议，我们可以提供实际的例子和证据，以支持自己的观点。这样可以提高建议的可信度，让对方更容易接受你的建议。

我昨天写的文章你看了吗?

当然看了,你的观点很独特,但在结构上可以更清晰一些。或许可以考虑在开头先提出中心思想,再展开论述?

 嗯,这个方面我确实没考虑过,谢谢你的建议。

提建议的方法要好

　　提建议时,我们应注意表达的方式和语气。真诚、温暖的语言更容易被理解和接受。另外,我们也需要尊重同事的选择,理解每个人都有自己的思维方式和做事习惯。在表达自己不同观点的同时,也要尽量避免引发对方的反感。

你就不该这么做！我都说了多少遍了，这个地方要这么改才行！

这个地方的设计你是怎么考虑的呢？我觉得这样改的话会更好一点儿，不过还是要看你自己的喜好啦！

　　向同事提建议时，我们应尽量采用积极、鼓励和支持的语言，而不是用指责、批评的方式贬低对方。要先肯定对方做得好的方面，然后提出可以改进的建议。在给出建议时，要尽量站在对方的角度思考问题，理解他们的处境和需求，表达对对方的理解，尊重对方的感受、观点和权益，相信他也会认真考虑你给出的合理建议。

总结

在职场中，有时候我们会觉得像是在经历一部宫斗剧。每天都像是一场精心策划的戏剧，每个人都在努力争取自己的利益。相比于领导，同事才是我们在工作时接触最多的人。工作从来不是一个人的单打独斗，通常需要依靠同事协作完成。因此，如何有效地与同事沟通、如何处理与同事的矛盾，都是职场生存的重要技能。

在职场中，同事之间的良好沟通是团队协作不可或缺的一环。通过运用积极沟通、积极反馈、建设性批评、灵活的沟通工具、共同语言与共情等方面的技巧，我们能够更好地与同事协作，提高工作效率，营造更加融洽的工作氛围。在职场沟通中，互相理解、携手前行，是团队成功的关键。

一根筷子易折断，一捆筷子抱成团；一根筷子易折断，一把筷子难折断。本章的几种常见场景，其实都涉及与同事之间的沟通和合作。无论是拒绝份外工作、应对阴阳怪气、回应夸奖还是应对不配合的同事，都需要我们保持冷静和理性。在回复时，我们可以表达感激之情、理解对方的立场、提出解决方案或建议，并强调团队合作的重要性。通过积极的沟通和合作，我们可以建立良好的工作关系，提高工作效率和质量。

第六章

在工作中如何与客户沟通

1 网络上与客户对接时如何回
2 受到客户邀约时如何回
3 客户来拜访时怎么回
4 见到客户的领导如何说
5 遇到客户刁难如何回复
6 客户拒绝合作时如何回

1 网络上与客户对接时如何回

互联网改变了人们的生活方式，工作方式也发生了巨大的变化。人们可以通过互联网购物、娱乐、社交、刷短视频、直播，甚至人人都能成为自媒体创作者，或成为垂直领域的博主。同时，许多传统行业的企业也在积极适应数字化转型，采用线上线下结合的方式，在保持拜访传统客户、举办展销会等营销方式的同时，也逐渐拓展到数字平台，以更好地提高产品销售额、扩大品牌影响力。那么，我们如何在网络上与新、老客户沟通呢？

新客户：定制化服务

在接触新客户时，切记不要在对接的开始就给用户推送大量消息，不要带有强烈的交易成交目的性。要先了解客户的喜好，根据客户的调性进行个性化定制的精准推销。比如，我们可以将聊天内容中的有效信息记录下来，例如客户的生日信息、消费能力、消费偏好等,制作独一无二的个性化数据库。

 您好,我想选一款灯,放在书房给孩子用,您有推荐吗?

您好,给孩子要用全光谱护眼灯,这几款护眼灯都适合,您可以选一选。

 好的,谢谢,我认真看一下。

老客户:关怀式服务

在营销策略中有一条黄金法则:即开发十个新客户,不如维护一个老客户。通过老客户的口碑传播,我们可以获得更多的潜在客户,扩大我们的受众群体。老客户也会给予我们一些宝贵的反馈和建议,帮助我们不断改进和优化产品和服务,提升整体的用户体验。

您好，今天是我的生日，我要订一束花，您有什么推荐吗？

祝我最美丽的客户生日快乐！愿您身体健康，天天开心！为了感谢您曾经给予了本店支持，今天特送您满300元减40元的专属生日优惠，以下是三款生日花束，您看是否喜欢。

谢谢，我看一看！

　　在网络上与客户对接会遇到很多的问题，但是至关重要的是与客户的沟通是否及时且畅通无阻，特别是在客户需要帮助或遇到问题时，有针对性地个性化沟通、无微不至地关怀新、老客户，相信你的生意会越来越好。

2 受到客户邀约时如何回

客户邀约在交易中是一个重要的信号，说明客户对我们的产品或服务是感兴趣的，我们可以通过会面来进一步了解和探讨合作机会。邀约的目的可能有很多种，但无论我们能否参加，都应重视客户邀约，做好充分的准备，促成合作。那么，我们应该如何接受或婉拒邀约呢？

接受邀约

如果我们确认可以赴约，那首先要做的就是确认具体的时间和地点，如果恰好是吃饭的时间，我们需要尽可能地考虑客户的个人需求或特殊注意事项，根据客户的饮食习惯安排菜品。最后千万别忘了正事：根据我们会面的目的，提前做好相关产品或服务的介绍准备，努力达成的与客户达成合作！

> 这次的沟通非常愉快，明天晚上方便吗？咱们详细谈一下？

 没问题！明晚8点在您公司楼下的餐厅可以吗？有什么忌口您提前告诉我，我来安排晚餐。

有事婉拒

有时，我们因为一些个人原因或其他紧急事务导致无法接受客户的邀约，在拒绝时一定要给予客户足够的尊重，真挚地表达歉意，同时给出解决方案，约定新的会面时间和地点，以维护良好的客户关系。

> 小A，我下午在你们公司附近，你有空吗？出来一起聊聊下个月的项目？

 抱歉，下午我要开会，走不开呀！要不这周三我去拜访您，正好您也试试我们的新产品？

和客户相约会面时，我们应以礼貌和真诚为基础，不管是当即接受，还是婉拒并约定新的会面时间，都要留有余地，确保不影响自己的日程安排和优先事项的进展，避免时间冲突。

3 客户来拜访时怎么回

许多销售新人在与客户见面时特别紧张，不知道该与客户谈论什么。其实在这个过程中，我们只需要牢牢记住：真诚是我们的撒手锏，专业知识是我们的基础，成交只是我们工作的结果，根本目的是为客户解决问题。只要在和客户沟通交流的过程中始终站在客户的角度考虑问题，总会以真心换来真心。

抛出问题，拉近关系

像这样，在进行自我介绍后抛出关于产品的问题，虚心向客户请教，相信大多数客户都会给予一些反馈。在这样的交流和解答中，我们不仅能够向客户介绍产品，也许还能得到产品改进的方案，更好地服务客户。反之，如果我们只是机械地背诵、原封不动地将信息传递给客户，还不如直接给客户发一份产品说明书。

> 您好,很高兴能到贵公司参观。

> 您好,我是荆彩公司的业务经理,很荣幸见到您!听说您在试用我们的产品,您觉得怎么样?有什么改进的空间吗?

表达感谢,回顾合作历史

在近几年火爆的脱口秀中有一种文稿技巧,被称作"Call back",意思是会反复提及前面的梗,前后呼应,引发老观众的共鸣。和老客户见面时,不妨也适当回顾过去的合作项目和成果,强调你们的合作是如何取得成功的,毕竟以老朋友的姿态出现,可以提高客户的信任度和满意度。

> 你好呀,小吴!我们又见面了。

> 好久不见呀王总!非常感谢您这次又选择了我们,想起上一次的合作,简直就像发生在昨天!相信这次合作也会和之前一样顺利!

　　当我们面对新用户时,需要的往往是快速"破冰"的技巧;当我们面对老用户时,则要注意发挥我们的"关系"优势。客套完毕后,不妨顺势与客户讨论未来的合作机会和潜在的增长领域,提出新的方案或想法。

4 见到客户的领导如何说

相信很多人在面对领导时，都会有些紧张、惴惴不安。如果面见的对象是客户的领导的话，更是会感觉心里发虚，不知道该聊些什么。那么面对领导级别的客户，该如何让自己更加自信，顺利地促成交易或合作呢？

把对方的收益当作重点

既然对方是客户的领导，其视角自然也是更高一层的。领导们往往并不关注产品的细枝末节，反而更加看重产品能够带来的实际利益，因此，如果你不断地介绍产品的细节，很可能会让客户产生不耐烦的情绪。

这时我们不妨把使用产品后可能带来的收益当成重点，如果能详细举例其他客户的具体收益就更好了。

吴总,我在跟合作公司的小李聊产品呢!

 那我也来听听,小李啊,你们的产品能给我们带来多少效益呢?

 我们的产品可以帮助您提升员工人效,便于更好地服务用户。我们做过市场调研,大部分公司在使用后平均提升了30%的效率,工单成交量也可以翻一倍。

同步进度,肯定合作

难得和对方的高层领导见一面,直说合作中出现的问题显然不是很合适,不妨"报喜不报忧",多谈论积极的事情,只要困难没到影响整体进度的程度,就可以暂时不安排在这种高级别的会谈上。在与合作方的上级领导交流时,可以直接表扬合作方的员工,后续的工作对接就会更加顺利。

小王,合作进展得如何?

王总,这是合作公司的小张。小张,这是我们王总。

王总您好,久仰大名,今天终于见到您了!我们的项目目前已经完成了70%,稍后的会向您汇报。贵公司的同事们非常专业,我们合作得非常愉快!

和客户领导的沟通场景多种多样,包括面对面单独沟通、会议沟通等。不同场景需要使用不同的技巧,并且对于不同性格的领导,我们也可以选择不同的沟通场景和沟通内容。例如,与严谨型的领导进行沟通时,会面前可以准备好结构清晰的PPT,用数据、图表等形式更全面地展示分析结果。

5 遇到客户刁难如何回复

无论是在公司上班，还是自己创业，遇到客户刁难都是非常常见的情况。有的客户是完美主义者，希望一切按他内心的想法处理问题；而有的客户只是单纯情绪化，这时如果我们跟客户起争执，往往有可能导致麻烦升级。因此，在面对线上和线下不同场景时，我们该如何处理顾客的刁难呢？

线上：合情合理，获得认同

网购作为一种新兴的购物方式有许多优点：方便快捷、价格透明。但由于无法亲自查看和试用商品，客户可能会购买到质量不佳的商品，且少数商家存在虚假宣传、夸大产品效果的情况。种种原因导致有些客户会默认价格差就是商家的计谋，很容易和商家产生矛盾。当遇到这种情况时，商家可以强调商品的真实价值，尽量安抚客户极端情绪，获得客户对商品价值的认同，化干戈为玉帛。

原创家居家饰店

别人家卖120块,你们家卖399块,真贵啊!

 亲,您好,很多网店都是货不对板,我们家是原创设计,您看这是我们的专利证书,一分钱一分货呢。

线下:顺毛摸驴

当客户情绪激动时,往往最讨厌商家直截了当地反驳,因此,我们要顺毛摸驴,顺着客户的性格分析局势,温和地给出解决建议。同时,记得保持微笑哦!毕竟伸手不打笑脸人。

 我要退货!这件衣服我买回家之后,穿上就没有那么好看了!都是你忽悠我!

您先别急,我记得您那天是搭配了一条白色裤子,衬得上衣更亮眼。您再试穿店里的这条白色裤子看看?

我们在提供服务时，无疑都会尽力贯彻"顾客就是上帝"的原则，虽说我们应该把顾客的需求和满意度放在首位，但这也不意味着我们要无条件地迁就每一位刁钻的"上帝"，如果顾客的要求过于苛刻或者不合理，我们可以进行适当的沟通来避免矛盾升级。

6 客户拒绝合作时如何回

我们常常会遇到被客户拒绝的情况，此时，我们不能沉默不语地被动接受这个情况，而是要冷静下来，继续与客户沟通，深入了解客户的实际需求，给出新的解决方案。

提供选项，掌握主导权

在遭遇客户的拒绝时，千万不要着急，而是要顺着客户的话继续沟通，寻找突破口。特别提醒一点：客户不喜欢做问答题。因此，请担任主导角色，给客户出选择题，给出多种选项，并加以引导。

我觉得你们的报价太高了，算了吧，我还是换一家供应商吧！

先别着急作决定。我试试向领导再给您争取5%的降幅。如果您还是觉得价格高，也可以看看另外那款产品。

刨根问底，确认原因

对于客户来说，拒绝合作无非是几种原因：对销售策略不满意、对公司及产品不信任、有了更好的选择……前两种属于客观原因，后一种属于主观原因，但无论是哪种原因，都是可以通过二次引导来解决的。

这次我们就不合作了,以后再说吧。

请问具体原因是什么呢?我们公司非常期待达成此次合作,恳请您详细说明一下,给我们一个改进的机会。

  在了解客户取消合作的原因时,多听多看多思考,眼观六路耳听八方。有时碍于情面,拒绝方并不会直截了当地说出他们的真实想法,我们要注意分辨各种理由的属性,是搪塞还是真实感受,具体问题要具体分析。但同时,也要切记适度原则,如果明显感到对方有厌烦情绪,不妨另约时间,给彼此一个缓冲,避免升级成剑拔弩张的局面。

总结

所谓客户，就是指通过购买产品或服务来满足其某种需求的群体，即跟个人或企业有直接的经济关系的个人或企业。在与客户的沟通中，无论你是强势的甲方"爸爸"，还是卑微的乙方"小弟"，达成合作的基础绝对是维护好与客户之间的客情关系。

在与客户沟通的过程中，我们需要多倾听，但要注意的是，我们要为理解而倾听，而不是为回答而倾听。也就是说，我们要做的是通过倾听来理解客户的需求、期望和偏好，通过换位思考来实现更好的理解和沟通。因为客户的表达往往只是表面信息，真实的期望、需求和动机可能被隐藏了起来，需要我们深入了解和发掘。

总之，与客户的沟通是建立良好关系和促进业务成功的关键要素。通过真诚、倾听和有效沟通，你可以与客户建立长久的合作伙伴关系，实现双赢。请时刻谨记：有客户才有市场，我们的产品只有迎合了客户的需求，才能满足市场的需求。

第七章

面对父母和亲戚如何回

1 被父母和亲戚们催婚怎么回

2 面对亲戚的无理要求怎么回

3 面对作为亲戚的"熊孩子"及"熊家长"怎么回

4 父母跟你吵架时怎么回

5 父母提出不合理的要求时怎么回

1 被父母和亲戚们催婚怎么回

曾经在网上看到这样一段话：在中国式的催婚里，幸福不幸福不重要，重要的是把婚结了；合不合适不重要，重要的是把婚结了。就好像结婚了，人生的任务就都完成了。但对于现代社会的年轻人而言，终其一生寻找的应该是自己喜欢的生活方式，而不能为了完成"任务"而结婚。那么，当我们面对父母和亲戚的催婚时，又该如何巧妙地化解呢？

转移话题给对方

面对长辈突然的提问，我们可以在尊重对方的同时转换话题，把问题抛给对方。这样的回答既礼貌回答了长辈的问题，又表达了我们对他们的关心，巧妙地转移话题之后，也可以让我们有足够的空间和时间来应对其他长辈的关心。

还没结婚啊,我什么时候能喝上你的喜酒啊?

哈哈,看缘分吧!您马上就要抱孙子了吧?什么时候去喝您孙子的满月酒啊?

主动出击,转移压力

有句话叫做"走别人的路,让别人无路可走"。当我们面对长辈的催婚时,与其听长辈喋喋不休、长篇大论,不妨主动出击,甚至可以在表明自己的积极态度之后,提出夸张的要求,相信大多数长辈为了不给自己惹麻烦,都会知难而退,下次见面就不会再有这种咄咄逼人的关心了。

你也年纪不小了，该找对象了吧？

 是啊，我也着急呢，大姨您人脉广，要不您上点儿心帮我找找，每周给我介绍两三个相亲对象看看？

当亲戚关心我们的婚姻状况时，我们可以用积极的态度进行回应，在不忤逆长辈的情况下，转移话题，表达对对方生活的羡慕，或者主动出击、表明自己的择偶标准，都是一些行之有效的方法。在成功转移了话题和焦点后，接下来我们就可以听长辈和亲戚聊一些家长里短，从"战火"中成功撤退。

2 面对亲戚的无理要求怎么回

网上经常能看到一些对亲戚的吐槽：有八竿子打不着的远房亲戚来要求买房养老的；有长辈要求小辈贷款的；甚至还有炒股赔钱的亲戚拉着一起炒股的……

这些要求让网友们往往感到好笑又生气。那么在生活中，如果你真的遇到了这样的亲戚，该用怎样的方式拒绝我们的无理要求呢？

以幽默为武器

幽默是应对无理要求的有效武器，它不仅能够化解尴尬，更能在笑声中维系亲情，营造和谐的家庭氛围。

过年了,你给大家表演个节目,助助兴吧!

我要是这么厉害,早就去参加春晚,给全国人民表演节目了!

提出建议,暗示成本

当遇到亲戚的无理要求时,我们可以积极主动地提出建议,以此转移他们的注意力。同时,也要坦然地说明我们提供帮助的代价不小,亲戚未必能够承担这个代价。在这个过程中,不要感到难为情,大胆提出自己的条件和要求,这种"狮子大开口"的方式其实是一种无言的拒绝。这样一来,亲戚们在想要再次寻求帮助时,就会在心里默默权衡找你帮忙是否真的值得了。

我家孩子的学习成绩总是提不上去，听说你是老师，能不能给我家孩子补补课？

你孩子才上小学，课上认真听讲，课后多练习，成绩很容易上去。家长也要多加督促。至于补课的事，现在严令禁止老师补课，如果私下给学生补课，后果很严重的，轻则处分罚款，重则失业。您要能帮我交罚款或者在我失业后每个月发给我工资，我给您孩子补课也不是不行。

在与亲戚互动中，互相理解是构建良好关系的基础。当亲戚提出令我们无法接受或者出人意料的无理要求时，可以先保持冷静、换位思考、尝试理解。当我们有了良好的心态后，再考虑如何使用上述沟通技巧，相信你一定可以巧妙地拒绝这些无理的要求。

3 面对作为亲戚的"熊孩子"及"熊家长"怎么回

一提到"熊孩子"这三个字,相信很多人已经开始头疼了。无论是在新闻里,还是在生活中,我们都会看到甚至遇到把家里闹得"鸡飞狗跳"的熊孩子。熊孩子的背后,必定有"熊家长",想要整治"熊孩子",往往需要先与他的家长进行沟通。

明确错误,让对方承担责任

当"熊孩子"造成损失时,千万不能碍于亲戚面子,就选择忍气吞声。一定要在第一时间告知对方被损坏的物品的贵重程度,并立即索要赔偿,让"熊孩子"及其家长承担应有的责任。

这个玩具也不值钱,你都这么大了,就让让弟弟呗!

汽车模型本来就不便宜,何况这个还是限量版的,现在就算想买也买不到了,你就按市价5000块钱赔偿我好了。

指出问题,夸大后果

有时,"熊家长"往往意识不到溺爱孩子可能带来严重的后果,如果"熊孩子"只是被亲戚惯坏了,我们可以适当提醒亲戚,把后果说得稍微夸张一些,以引起他们的注意,从而改变教育方式。

小孩子嘛，爱动是正常的，等他长大了就好了！

阿姨，前几天有个新闻，有个小男孩乱跑结果引发严重车祸，不知您看过没有。我觉得小孩子好动实属正常，但是得从小培养他懂礼貌，不然早晚会吃亏的！

　　"他还是个孩子"这句话，从来不是"免死金牌"，"熊家长"没教育好的孩子，往往会在社会上吃更多的苦头。好好地引导孩子、教育孩子是每一位家长应尽的责任。

4 父母跟你吵架时怎么回

在与父母相处的过程当中,也会发生各种各样的情感冲突。但更多的时候,我们迫于父母的权威和孝顺文化的压力,往往会选择顺从,这就会导致双方的误解和沟通障碍持续存在。那么,当父母心情不好跟我们吵架时,我们应该怎么做呢?

保持冷静,提出解决方案

有时家长跟我们吵架只是为了发泄情绪,如果此时我们也不能保持冷静,就会很容易导致矛盾升级为冲突。我们在稳住自己的情绪后,可以尝试提出一些解决方案,表明自己积极的态度。

你表哥每个月都给你大姨发红包,而我养了个白眼狼,什么都不给我。

爸,表哥都工作好几年了,而我还没毕业,正在找实习单位呢。这样,等我找到工作后,逢年过节也给您包大红包!

立刻转移话题

　　与其和父母争吵,不如采用立刻转移话题的方式来避免冲突。这样可以巧妙地将注意力从可能引发争议的话题上移开,转向一个更加中性或积极的话题,有助于缓和紧张关系。这种方法特别适用于处理家庭成员之间的小摩擦或者分歧。硬碰硬的对抗往往只会加剧矛盾,而转移话题有助于化解对立情绪,为和平解决问题创造条件。

你不考公务员、不考教师证、不当医生,将来有一天公司倒闭关门了,你看看你还能干啥?

大伯刚发了一条朋友圈,特有意思,您快去看看。

当父母找碴儿跟我们吵架时,除了保持冷静、适度调节气氛,诚实地表达我们的感受也是至关重要的,这样不仅能够帮助父母了解我们的内心世界,也是对父母的尊重,且有助于建立更加坦诚、和谐的家庭关系。

5 父母提出不合理的要求时怎么回

在家庭中，我们时常会面对来自父母的期望和要求。然而，有些要求并不合理，还会让我们倍感压力，产生困扰。那么在这种情况下，如何妥善地回复父母的不合理要求，就成了一项需要智慧和技巧的任务。

委婉拒绝

对于父母的不合理要求我们当然要拒绝，但是拒绝的方式应该委婉一些。强调自己有难处，表达自己的感受，这样更容易让父母理解我们的情况，不至于让家庭关系变得剑拔弩张。

你小姨家的孩子学习不好,我答应了你小姨让你明天去给她孩子讲讲题。

 妈妈,我明天白天要去公司开会,晚上还要整理会议资料写报告,实在是没时间。而且我都工作这么久了,初中的知识早就忘光了,就别误人子弟了!

坚持立场

　　坚持自己的立场并不意味着叛逆,反而是对自己负责的表现。在与父母沟通时要意识到,我们不是父母的附属品,而是独立的个体。父母所面临的人际环境和我们所面临的职场环境是不一样的,因此,坚定地表达自己的观点和需求,才能建立更加健康和成熟的沟通方式,同时,也有助于建立更加平等和相互尊重的家庭关系。

儿子你换个头像吧,这个头像不够积极向上,年轻人得有朝气蓬勃的样子!

妈,年轻人现在都用我这样的头像,如果用你那样的头像,看起来就太过成熟啦!可能会影响我在公司交朋友呢!

  在家庭关系当中,每个成员有着不同的需求。面对这些需求差异时,寻找一个彼此都能够接受的平衡点是至关重要的。坚持自己的立场,通过开放坦诚的沟通,明确表达自己的需求,相信你可以同父母一起把家庭变成温馨的港湾。

总结

  与父母和亲戚最和谐的相处方式，就是各尽其责，各做其事，你尊重我，我尊重你。但是在与父母和亲属的相处中，对方难免会"越界"，这就需要我们擦亮双眼，分辨对方的本意。如果对方是出于好心，我们可以用一些轻松的方式化解；如果暗藏恶意，我们也可以毫不客气地回击。

  不管是面对父母，还是面对亲戚，我们除了建立良好、和谐和有趣的沟通环境，保持冷静、真诚、耐心与互相尊重也是至关重要的。最后，作为独立、成熟的个体，积极有效地沟通、主动提出解决方案、坚定自己的立场也是构建正向沟通的不二法宝。做到这样，就能建立更加健康和积极的亲属关系。

第八章

与同学或朋友交往时如何回

1 同学或朋友生病时如何回

2 同学面对考试压力时如何回

3 庆祝朋友生日时如何回

4 朋友失恋时如何回

5 同学或朋友吐槽糟心事时如何回

6 朋友分享好消息时如何回

7 朋友多次迟到应如何说

8 朋友遇逆境向你倾诉时如何回

1 同学或朋友生病时如何回

每到季节更替时，就有很多人感冒发烧。当我们的同学或朋友生病时，我们往往非常希望能够给予他们一些安慰和关怀，让他们感受到我们带来的温暖。那么我们该如何表达关切，给予适当的支持呢？

问候和祝福

我今天感觉有点儿不舒服，可能是感冒了……

 你量体温了吗？头疼吗？真希望你明天一觉醒来就全好了！

当同学或朋友生病时，你可以先问候一下他身体的具体状况，并祝福他能够早日康复。在生病的脆弱时期，这样的话会让朋友感到心里暖暖的，感受到自己被惦念。

提供实际帮助

当同学或朋友生病时，除了表达关心，也可以积极询问病情，了解对方的需求，以提供实际的帮助。可以是购药、陪同就医，或是准备一些清淡易消化的食物。

我感觉头有点儿晕，可能是发烧了……

 发烧多少度？要不要我帮你准备一些退烧药？

当人生病期间，朋友关爱的力量能够加深彼此的情感纽带。通过贴心的表达，我们可以构筑更加坚实的友谊基础。对生病朋友的关心，不仅仅是一种照顾，更是对友情的维护和深化。真正的友谊，不是在富贵时候的陪伴，而是在困难时刻的支持。

2 同学面对考试压力时如何回

学海无涯苦作舟。在学业生涯中，考试是每一位学生都必须跨越的"高山"。在同学面对考试压力，心情紧张时，我们应该如何给予他们适当的关心和支持呢？

舒缓紧张情绪

在面对考试时，虽然大部分人会产生紧张的情绪，但是有些人会过度紧张，甚至引发一些生理上的反应，比如呼吸困难、手抖等。因此，在同学感到紧张时，我们可以帮他寻找压力释放的方法。

每次考试前我都好紧张，就怕考砸了。

 考前紧张是人之常情，我可以分享你一个放松的方法，或许能对你有帮助。

提供实际帮助

在同学面对考试压力时,理解和支持是最宝贵的礼物。我们对此可以提供一些力所能及的帮助,比如一起复习、找老师解答疑惑等。最重要的是,要鼓励同学相信自己的实力,增强他们的信心。

马上就要考试了,我看了半天还是搞不懂这道题,这可怎么办啊?

 你别急,我先来看看这道题,实在不行就请老师出马,一定能解决这个问题的!

考试是学生成长过程必须跨越的难关。在面对考试所带来的压力时,能收到他人的关心和支持,既能让他们在情感上得到慰藉,也能推动他们不断前行。关心是一种沟通,支持是一种力量。通过与同学的交流互动、互相鼓励,相信我们一定能够共同度过学业中的考试难关。

3 庆祝朋友生日时如何回

对于每个人来说，生日是一年中最值得庆祝的时刻之一。在这个特殊的日子里，我们可以向朋友表达祝福，让这一天变得更加难忘。但是在这种时刻，有些人又会犯难：只说一句简单的生日快乐不免有些敷衍，但又不知该说些什么。那么在朋友的生日宴上，该如何送上我们真挚的祝福呢？

回忆与展望

你们之所以能成为好友，一定是有着许多共同的经历，在朋友的生日之际，非常适合回忆过往，再说一些你们之间感人的细节，他一定更加感动！煽情后就该送上美好的祝福了，可以展望未来，表达自己对友谊和未来的美好期许。

真高兴你来给我过生日!

 在蜡烛点燃的一刹那,我回想起我们一起经历过的点点滴滴,希望明年还可以继续陪你庆祝生日,愿你未来的生活处处充满希望和阳光。生日快乐!

幽默的祝福

生日祝福可不只有煽情一种类型,幽默的方式往往更适合人多的场景,有利于营造欢乐的氛围。相信你说出下面这样的祝福后,在场的所有人都会发自内心地开怀大笑吧!

嘿,别嚷嚷!你已经在生日当天被通缉了,现在就是交出全年的悲伤与烦恼的时候了。生日快乐呀小安,别再抵抗了,快点儿接受这份天降的幸福吧!

乐乐,你能来参加我的生日会,我太开心了!

  为朋友庆祝生日其实也是表达情感的一种方式,而送上真诚的祝福,也是让这份情感更加深厚的方法之一。友谊如同一缕阳光,照亮我们的生活。通过为朋友庆祝生日,我们不仅能让友谊更加紧密,也能让生活充满温馨和甜蜜。下次再为朋友庆祝生日时,你可以尝试这两种不同的祝福方式哟!

4 朋友失恋时如何回

失恋让人感到万分痛苦。当朋友陷入这样的情感困境时，我们都会想要给予关心和支持，用言语温暖彼此的心。那么，面对朋友的失恋，应该说些什么，才能既抚慰他们的心灵，又让气氛不那么沉闷呢？

温柔陪伴，积极引导

在朋友失恋时，真诚的安慰与积极的陪伴往往能够成为他们的情感支柱。我们要通过言语传递温暖、理解和关爱。此外，最重要的是，给予他们温柔的鼓励和引导，帮助他们从痛苦中走出来，让他们感到被理解和被支持。

小欣,我真的好难过,感觉整个世界都崩塌了!

虽然现在很痛苦,但时间会慢慢冲淡一切。我会一直陪在你身边的,相信我,你会遇到更好的人!

轻松调侃,转移注意

适度的幽默和轻松的调侃,能让气氛变得轻松,有助于减轻朋友内心的痛苦。

小欣,他不要我了,呜呜呜……

 你说的这是什么话!他不过是恋爱游戏中的小怪物而已,更精彩的关卡还在后头呢,加油冲呀!

在朋友失恋时,倾听和陪伴是非常重要的。不要试图用"别伤心了"来安慰,而是给予朋友足够的空间去宣泄情感。表达真挚的关心和理解,让朋友感受到在困难时刻有人会一直在自己身边。

5 同学或朋友吐槽糟心事时如何回

生活中难免遇到让人心情低落的时刻。朋友向你吐槽糟心事，其实是在向你表达情感和寻求支持。这个行为表达了他对你的信任。这时，我们可以给予真诚的回应，让朋友感受到友情的温暖。当同学或朋友吐槽近来的糟心事时，我们该如何回复，才能让对方感受到理解和慰藉呢？

感同身受

网上有句话说：安慰一个人的最好办法，就是告诉他——其实我比你还惨。在朋友吐槽时，我们可以说说与他相似的遭遇，来表达理解和共情，让朋友感到在处理这件糟心事时并不孤单，这样的情感共鸣往往可以拉近彼此的距离。

提供解决方案

在同学或朋友向你吐槽近来的糟心事时，你的倾听、理解和关心无疑是给予他们心灵慰藉的重要方式。你的同情和共鸣能够让他们感到自己并不孤单，这份情感的支持是他们走出困境的动力之一。

然而，除了情感的陪伴，为他们提供一些具体可行的解决方案往往能给予更实质性的帮助。你可以结合他们的实际情况，分享一些有效的应对方案，甚至可以推荐专业的咨询服务。这样的帮助不仅能够让他们看到解决问题的希望，更能感受到你全方位的关怀与支持。毕竟，在困境中，知道有人愿意并能够帮助自己找到出路，是一种无比强大的力量。

 我最近工作压力好大呀，不知道该怎么办！

有什么压力可以跟我说说，我帮你分析一下。实在不想继续的话，那就考虑换个工作。或者抽个时间，我们一起去旅游，好好放松一下心情。

理解和支持是构建深厚友谊的桥梁。当朋友或同学面对困难时，感同身受地回应和提供解决方案不仅可以让他们感到温暖，也为建立更加牢固的友谊奠定了基础。这种交流不仅能让朋友感受到被理解、被关心，还能让友情变得更加深厚。

6 朋友分享好消息时如何回

　　什么是好朋友？就是无论是好事还是坏事，第一个想与之分享的人。分享日常中的点滴以及自己的喜怒哀乐，是朋友之间维系感情的重要纽带。上一个场景我们分享了朋友倾诉糟心事时该如何回应，这个场景则是要讨论：朋友分享好消息时，我们应该怎样回应，既能表达祝贺之情，又能表达自己和他们同样感到喜悦呢？

鼓励与认可

　　当朋友与我们分享好消息时，我们应满怀热情地回应，不仅能与他们共同感受这份喜悦，还能为他们的成就感到由衷的高兴，从而进一步拉近彼此间的距离。同时，在回应时提到你对他们的观察与认可，会让这份鼓励显得更加真诚。

我升职了,成了我们团队的主管!

哇,太棒了!你一直都那么努力,这个机会理所应当属于你!

主动表达帮助

友谊往往会在分享喜悦时变得更加深厚。当朋友与我们分享好消息时,我们在为他们庆祝的同时,其实也在共同感受这份喜悦,共同铭记生活中的美好时刻。如果朋友分享了要结婚等好消息时,也可以主动询问是否需要帮忙做些什么。

我下个月就要结婚了！

 祝福你！希望你们的婚姻生活甜蜜幸福！有什么需要帮忙的尽管叫我。

当朋友分享好消息时，通过上述回答，不仅有助于建立更加深厚的友谊，此时的喜悦和祝福也会在将来成为支持彼此的力量。

7 朋友多次迟到应如何说

生活中大家肯定遇到过这类人：明明已经提前约好了时间，但他每次都要迟到，还常常用各种不同的理由为自己开脱。准时是一种基本的素质和礼貌，爱迟到的人可能会觉得这只是小事，不值一提。但是，随着这种小事的不断积累，会让别人对他产生不信任和不耐烦。那么，当我们同行的伙伴多次迟到时，我们如何提醒对方重视呢？

别沉默，直接提醒他们

经常迟到的人，往往不懂得尊重对方，更不懂得尊重自己。他们会觉得无论怎样对方都会等，因此会更加无所顾忌地让别人等下去。这时，我们一定要及时与他沟通，告诉他你非常厌恶别人迟到。同时，在沟通过程中也要保持平和的心态，并尝试找出解决方案。

抱歉来晚了，今天路上有点儿堵车。

每次你都会迟到很久，我们都不得不等你很长时间，现在已经错过了计划好的时间，希望你以后能认真考虑一下我们的感受。

别吵架，友好提出建议

首先，我们要尊重并理解对方的处境，不要一上来就指责或批评。了解他迟到的原因后，我们可以共同商量一个大家都能接受的解决方案。

唉，我今天早上睡过头了！

如果你每次迟到都是因为起床困难，可以尝试多设置几个闹钟。

"迟到的人不够重视他人的时间"这句话，是对那些爱迟到人的一种警示和提醒。我们都知道，时间是宝贵的，应该珍惜时间。在工作和生活中做到守时，这既是对他人的尊重，更是对自己的尊重。

8　朋友遇逆境向你倾诉时如何回

你被负面情绪困扰过吗？生活中好像总会遇到一些糟糕的时刻，比如：生着病却不得不陪领导出差；在公司兢兢业业工作多年却出现在预备裁员名单上……在这些至暗时刻，人往往会怀疑自己人生的价值和意义。当我们发现身边的伙伴情绪低落时，我们要如何安慰他、帮助他呢？

认真倾听，与他共情

共情是心理学中的一个重要概念，指的是个体能够理解并体验另一个人的内心世界的能力。这种能力涉及认知和情感的多个层面，包括识别和共享他人的情绪状态、设身处地地考虑他人的观点，以及从他人的角度看待问题。共情需要通过倾听来实现。只有当人们真正倾听了他人的话语，才能捕捉到言语背后的情感和需求，进而产生共情，让对方产生一种被接纳的感觉。

我最近诸事不顺！好烦啊！

你这是工作上遇到困难了吗？还是情感方面出了问题？愿意跟我讲讲吗？

给予陪伴

当伙伴情绪低落时，你的陪伴会像照进他心底的光，给他温暖。被人安慰和能安慰别人都是一件很幸福的事情，我们互相拥抱，抱团取暖，黑暗和暴风雨终会过去。请相信，一切都会好起来的。

呜呜,太难受了!家里就我一个人,我害怕……

 你放心,一切还有我呢!这几天我就搬到你家里,陪你住几天!

回想起来,身边那些相处起来令人感到舒服的朋友,可能并非有多善谈,但一定有着很强的共情能力,他们可以理解你、温暖你,他们的一举一动都让人如沐春风。我们都曾经有需要他人安慰的时刻,也都经历过安慰他人时的不知所措。当我们发现身边的朋友情绪低落时,首先要帮助对方做好心态上的调整。好的安慰并不是怜悯,而是平等沟通,感同身受。

总结

无论是同学间的深厚情谊，还是朋友间的真诚相待，这些关系中都蕴含着相互理解、支持和分享的精神。一段深厚的友情，不仅仅是生活的点缀，更是人生宝贵的财富。

在与同学、朋友交往时，真诚、宽容、理解和信任是关系的基石，良好的沟通始终是维系友谊的关键。首先，我们要懂得聆听，尊重彼此的独立性，充分理解对方的感受和需求。通过分享生活琐事、喜怒哀乐，拉近彼此的距离，共同成长。一起欢笑共享喜悦、伸出援手共度困境，让友情在时光的洗礼中愈加发牢固。

沟通方式的选择也很关键，需要根据朋友的性格来调整。在与外向的朋友交流时，可以采用轻松幽默的方式；而在与内向的朋友沟通时，则需要展现出更多的理解和耐心。除此之外，真诚的赞美和鼓励是维系友谊的重要元素。在朋友取得成就、面临挑战或分享生活点滴时，适时的赞美不仅能够表达对他们的认可，还能为友谊注入更多的积极能量。

友情如同花朵，需要彼此精心呵护，才能在生命的庭院中绚丽绽放。这样的友谊不仅是人生中的重要陪伴，更是人生旅途中不可或缺的美好风景。

第九章

和邻居打交道时如何说

1 搬家后遇到新邻居时如何说

2 和邻居发生纠纷时如何回

3 无法帮助邻居时如何回

1 搬家后遇到新邻居时如何说

俗话说,远亲不如近邻。建立良好的邻里关系,往往能为我们的生活增色不少。在我们搬家后与新邻居的初次见面,是建立温馨邻里关系的关键一步。此时,友好的沟通能够快速"破冰",接近彼此的距离。如何在初次见面时与新邻居交流,构建愉快和睦的邻里关系呢?

热情又不失分寸地介绍自己

通过积极主动的自我介绍,我们可以有效地打破与新邻居之间的陌生壁垒,从而建立起初步的联系与互动。然而,在这个过程中,我们也需要注意把握热情的分寸,避免在一开始就显得过于热切。毕竟,在大家彼此尚未深入了解的情况下,过度的热情有时可能会被误解为别有用心。我们应该在展现友好态度的同时,也保持适当的距离和尊重,让双方的交往能够在舒适和自然的氛围中逐渐深化。

您是新来的邻居吗?

是的,您好!您叫我小李就好,刚刚搬到这里,以后我们就是邻居啦!可以加一下微信,如果以后需要帮忙就随时喊我。

询问周边信息

通过打听小区周边的信息,我们可以迅速了解关于小区周边的情况,比如哪里有好吃的餐厅等。同时,在分享信息的互动中,能拉近与邻居的距离,建立亲切感。

您好,新邻居。

您好,我是小李,刚刚搬到这里,还不太熟悉周围的环境,请问您知道附近有什么美食吗?

这附近有家不错的饺子馆,您出了小区往北走50米就能看到。

在搬家后见到新邻居时,以友好、真诚和关切的态度进行交流,是建立良好邻里关系的基础。通过友好的回话,询问周围环境信息等方式,我们可以在第一次见面时消除陌生感,使邻里关系更加融洽。这种积极的沟通方式不仅营造了愉快的相处氛围,还为未来与邻居的互动打下了良好的基础。

2 和邻居发生纠纷时如何回

曾有人说，邻里矛盾就像墙上的裂缝，如果不及时修补，就可能越来越大。当大家居住在同一栋楼时，往往会发生很多意料之外的情况，比如装修或聚会产生的噪音，就很有可能会成为引发矛盾的因素。这时，良好沟通是维系和谐邻里关系的关键。如何以礼貌而坚定的方式表达对噪音的不满，也是一个重要的交际技巧。

委婉表达，提供解决方案

如果自己或家人不小心影响了邻居休息，被邻居找上门，首先应该保持冷静，不要与邻居发生争执。可以先向邻居道歉，表达自己的歉意，并承诺以后会注意不影响邻居的休息。同时，也可以主动提出一些解决方案，比如减少噪音、调整活动时间等，以显示自己的诚意和解决问题的决心。最重要的是，要从这次事件中吸取教训，确保以后不会再犯同样的错误，以免影响邻里关系。

这么晚来敲门，有什么事？

您好，我是住在您家楼下的邻居。最近您家半夜总有人跑来跑去的声音，有时候会影响我休息。您家晚上能否安静些？

相互理解，强调共同利益

当邻居提出占用公共空间时，我们可以强调一下法律常识和社区的共同利益，然后给出合理的建议。良好的居住环境要靠所有人来维护，将心比心，相信邻居也愿意改善个人行为，为建立友好的邻里关系贡献力量。

邻居您好，我看咱们的楼道空间挺大，可以在临近您家门口的楼道里临时存放几天杂物吗？

我觉得不太好，法律规定不允许在楼道、楼梯间等公共区域存放杂物，以免造成消防安全隐患。

  在处理邻里纠纷时，礼貌而坚定的表达是关键。在沟通的过程中，保持相互尊重、坚持立场，相信双方都能够互相理解，并愿意采取行动来解决问题。在维护和谐邻里关系的道路上，有效的沟通是至关重要的一环。我们可以通过以上这些回话方式，在维护社区和睦氛围的同时，保护自己的权益。

3 无法帮助邻居时如何回

邻里之间的互帮互助，往往是构建和谐社区的基石。当我们的邻居需要帮助时，如果能够给予适当的帮助，不仅有助于解决实际问题，更有助于促进邻里之间的感情关系维系。但是，有时我们无法为邻居提供帮助，应如何拒绝呢？

表达帮助意愿，但无能为力

拒绝邻居的求助可能会让人感到为难，但有该拒绝时就要拒绝，不要做委曲求全的老好人。我们要直接且诚恳地表达自己的立场，告诉邻居，尽管自己愿意帮忙，但由于某些原因（如时间冲突、个人能力限制等），目前无法提供帮助。

小颖，你能帮我把这兜水果拿回家吗？我一会儿要去跳舞，带着不方便。

王姨，实在不好意思，我真挺想帮您的，但是我着急上班赶公交车。您坐这里休息会儿，我给您儿子发信息，让他来帮您拿。

提供替代方案

如果确实无法帮助邻居，可以提供替代方案，分享自己所拥有的资源，包括物资、人脉等，就可以顺利帮助邻居解决问题，彰显邻里间的互助精神。

抱歉这么晚打扰您，我家小孩半夜突然发高烧，不知道您家里有没有一些备用药物呢？我可以把药钱给您转过去！

抱歉，我家也没有小孩子吃的退烧药，附近有个24小时的药店，我把位置发给您吧！

　　邻里之间互相帮助，有助于促进邻里关系的和谐。当邻居需要帮助而我们不能立即满足时，可以先婉拒，然后分享自己拥有的资源。重要的是，要保持友好的态度，使用友好、礼貌的语言，表达遗憾之情。这不仅能缓解尴尬的气氛，还有助于构建和谐的邻里关系。

总结

  想要构建和谐的邻里关系，最重要的基石就是相互尊重。对于邻居的隐私和空间要有清晰的认识，不越界窥视，不打扰邻居的生活。而在与邻居的交往中，沟通是解决一切问题、避免误会的有效途径。在小事上，及时与邻居沟通，例如告知房屋修理或施工的计划，避免造成不必要的矛盾。

  在生活中，邻里之间的相互帮助是常见且重要的。借用物品时，要保持善意和感激的态度，并在日后回馈邻里的帮助，加深彼此间的信。

  如果出现邻里矛盾，及时妥善解决是关键。要采取平和的态度，通过沟通了解对方的想法，寻找共同的解决方案。尽量避免情绪化的冲突，保持理性，以和解的心态处理问题。

  总而言之，和邻居打交道时的沟通，既要维护自己的利益，又要考虑到社区的和谐。正如郭沫若所言——家是小社会，社会是大家庭。通过一些巧妙的沟通技巧，相信我们能够同邻居一起构建温馨、和谐的社区，实现"邻里相望如故友"的美好生活。

第十章

日常交际交友时如何说

1　相亲时遇到心仪对象如何留下好印象

2　相亲时遇到奇葩时如何怼回去

3　在聚会上有新朋友搭讪时如何回

4　在聚会上被陌生人刁难时如何怼回去

5　旅途中被陌生人搭讪怎么回

1 相亲时遇到心仪对象如何留下好印象

有人深信，恋人间的首次邂逅，往往是命运的巧妙布局。因此，若在相亲的场合中，有幸遇见那个令你心动的人，这无疑是你生命中一次难得的奇迹。面对这样的际遇，你或许会在满心欢喜的同时，也夹杂着些许紧张的复杂情感。那么，在这样的时刻，我们又该如何开口，用言语的魅力给对方留下深刻而美好的印象呢？

保持自信和积极的态度

在相亲过程中，需要保持自信和积极的态度，展示真实的自我，让对方了解你的性格、爱好和生活方式。这有助于建立共同兴趣和话题，以便你们确定对方是否真的合适。同时，千万不要试图改变自己的性格或价值观来迎合对方，避免撒谎或夸大自己的经历或成就，要相信你已经有足够的魅力和价值去吸引对方。

你好,我是小A!今年是26岁,工作和家庭方面都比较稳定。平时比较喜欢做一些小手工,但是不太会做家务,哈哈!

哈哈,那就巧了,我这个人有洁癖,还蛮擅长做家务的。

尊重对方的爱好和习惯

每个人都有自己的独特爱好和习惯,若两人希望携手共度长久岁月,那么尊重与包容无疑是首要的关键词。正如纪伯伦所言:"彼此恋爱,却不要做爱的枷锁。"只要对方的喜好与习惯不干扰到日常的生活节奏,我们都应怀揣着尊重之心,给予对方充分的支持与帮助。

你有什么兴趣爱好?

我喜欢听歌。特别喜欢周杰伦的歌,可惜总是抢不到他的演唱会门票。

 周杰伦的歌我听得不多。不过你这么喜欢,我可以试试看能不能买到票,到时陪你一起去听!

  在相亲的交谈中,我们需保持冷静的心态,积极展现真实的自我,同时尊重彼此的个人空间,逐步建立起深厚的信任关系。然而,我们也要铭记在心,相亲不过是一次相互了解的机会而已。尽管遇见心仪之人令人欣喜,但过分期待或强求结果并非明智之举。我们应当享受这一过程,展现出自己最美好的一面,顺其自然,给予彼此足够的时间与空间,让一切自然发展,无须过于强求。

2 相亲时遇到奇葩时如何怼回去

在相亲的过程中，我们总期待能遇见那个心动的人，但现实往往不尽如人意，正如那部火爆一时的日剧《深夜的奇葩恋爱图鉴》所描绘的那样，我们难免会遇到一些让人哭笑不得的奇葩对象。在网上随便搜索"相亲对象"，就能发现大量的帖子，吐槽着诸如遇到"拜金女"或"妈宝男"等令人哭笑不得的相亲经历。那么，当真的遭遇了这样的相亲对象时，我们又该如何巧妙应对，为自己出一口恶气呢？

保持冷静和礼貌

他可以口出狂言，但我们不能自降身份。面对这种带有攻击性的言语时，首先要做的，就是保持冷静，不要因为对方的言行而动摇自己的情绪。这种镇定自若的心态，可以让你避免争吵或冲突，更好地把控局面。如果对方提出了尴尬的话题，你可以幽默地回复，也可以尝试转移话题，让对方知道你不愿意继续讨论当前内容，别再自讨没趣。

我听说你一个月的工资才5000块钱，就这点儿钱你这不如辞职，回家当家庭主妇算了，以后我养你。

哈哈，你这意思是要把工资全部上交给我？

直接表达自己的想法

如果你觉得对方无礼的言行让你感到不适，你可以直接反驳，勇敢维护自己的权益。如果你觉得已经超出了你的承受范围，也可以选择直接结束这场相亲。

我觉得你个子有点儿矮,好像还不到1米6,可能会影响下一代呀。而且你都已经三十多岁了,过了最佳生育年龄了吧。

是吗?你的基因质量我看也堪忧啊,要颜值没颜值,要智商没智商的,咱们不用约下次了,再见!

在相亲时遇到奇葩对象,适度的回怼不仅能够化解尴尬,也能及时为自己出气,避免生闷气影响身体健康。如果你感到不舒服或不愿意继续相处,可以礼貌地表达自己的想法并结束相亲。但请记住,无论采取哪种策略,都不要让对方的言论或行为影响你的情绪和自信心。

3 在聚会上有新朋友搭讪时如何回

马克思说：人生离不开友谊在，但要得到真正的友谊却是不容易的；友谊总需要用忠诚去播种，用热情去灌溉，用原则去培养，用谅解去护理。

在每个人的一生中，我们总会遇到各种不同的人，有些与我们只是擦肩而过，会很快忘记；而有些则会与我们产生羁绊，成为我们生命中的重要人物，与我们建立深厚的友谊。而在聚会上，就是一个结交新朋友的合适场合。然而，对于性格内向的人来说，面对陌生人多少有些拘谨。那么，如何在聚会中回应新朋友的搭讪，并快速消除陌生感，确实是一个挑战。

通过找共同点快速破冰

在初次见面时，有关名字的话题往往能迅速"破冰"，可能你们的姓氏相同？或者他的名字跟哪个名人很像？都可以作为话题延伸下去，在这个过程中，也可以让对方感到受到尊重和关注。

 嗨，你好！认识一下，我叫高玲玲，你可以叫我玲玲。

玲玲你好！我也姓高，我叫高宇，我们是本家呀！

表达兴趣和爱好

通过表达兴趣和爱好，可以让话题更加愉快轻松地继续下去。如果交谈顺利，甚至可以提出下次的邀约。同时要保持真诚、自信、友好和开放的态度，不仅可以建立新的社交关系，还有助于扩大自己的社交圈，使你的生活更加丰富多彩。

高宇,你看着高高大大的,是不是经常健身啊?

是的,我很喜欢运动,经常打球、游泳、爬山。对了,这周末计划去爬山,秋高气爽,山上风景很好。你要有兴趣的话,一起去吧!

在聚会上,当他人主动搭讪时,无论我们是否喜欢,都应礼貌地回应。若对方恰好是我们期待结交的朋友类型,更应热情回应,细心捕捉共同兴趣,以轻松自然的方式激发共鸣。

当然,我们也不能一味等着别人搭讪,要勇敢地主动地迈出第一步,带着温暖的微笑主动向他人打招呼、介绍自己,并询问对方的兴趣爱好。在表达结交意图的同时,可以提出共同参与活动的建议,增进了解。在对话中,通过恰当的夸奖或幽默调侃,使气氛更加轻松愉悦。

同时我们要时刻保持真诚、自信、友好和开放的态度。这样不仅能建立新的社交关系，还能有效扩大自己的社交圈，使生活更加丰富多彩。

　　如果对方的表现比较积极，你也有强烈的结交新朋友的意愿。那么为了进一步加深联系，你可以提出一些一起活动的建议，例如一起去吃饭、一起运动、一起玩桌游等。通过询问对方的兴趣爱好，可以快速找到共同点并建立联系。最后，要记住时刻保持真诚和自然的态度，这样可以让你们更好地互动和交流。

4 在聚上被陌生人刁难时如何怼回去

人的性格与行为方式千差万别，有的天性开朗外向，热衷于社交；有的则内敛害羞，不擅长与人交往。更有一些人性格急躁易怒，容易与他人发生冲突。

在聚会中，各式人物汇聚一堂，有时我们也会遭遇一些令人哭笑不得的奇葩人物。这些陌生人突如其来的刁难，确实容易让人陷入尴尬或愤怒的情绪之中。然而，如何在不破坏聚会欢乐氛围的前提下，巧妙地应对并回击这些刁难，确实是一门需要智慧的学问。

假装赞同，借力打力

"对对对"这"三字箴言"在回怼人时非常好用，表面上是在认同对方，实则一听就能让他感受到你对他的敷衍与不屑。在假装赞同后，我们可以借着对方说的话进行讽刺，借力打力，让他也体会一下自作自受的感觉。

咦，这位是谁呀？这衣服也太土了吧，好像把垃圾袋穿在身上了。

对对对，我确实穿着垃圾袋来的，主要一直有人满嘴垃圾，像个垃圾桶一样。

万能韭菜法

万能韭菜法是对付别人语言攻击时的无敌小妙招。这个方法用起来非常简单，也不用费心费力去记什么方式技巧，当遇到陌生人的刁难时，直接打断他的长篇大论，一句"你牙上有韭菜"，必然能让他飞速闭嘴，涨得满脸通红。

你们看看这个人，长得也太好笑了！哈哈哈……

哦，但是你的牙上有韭菜。

保持冷静，寻求帮助

在遇到陌生人的诽谤时，保持冷静是非常重要的，如果你感到非常愤怒导致情绪难以控制，可以暂缓应对，试着深呼吸使情绪，冷静下来，然后集中注意力应对问题。同时，如果你觉得场面无法控制或自己无法应对，也可以寻求帮助。寻求帮助的对象可以是聚会的主办者，让他们介入并解决问题。如果陌生人的刁难对你造成了严重的困扰或者不适，涉及诽谤、威胁或其他违法行为，可以记录下证据直接报警，同时明确表达自己的立场并拒绝进一步交流。这些证据可能在后续需要采取法律行动时派上用场。

| 客人 | 我钱包不见啦！ |

我看这个人长得贼眉鼠眼的，钱包就是你偷偷摸走的吧！

 请注意你的言辞，你这是诽谤！如果你不立即向我道歉的话，我会走法律程序起诉你。

　　在聚会上被陌生人刁难时，保持冷静、机智的回应是关键。无论采取哪种策略，都要坚定自身想法，不要被对方的情绪所影响，也不要陷入情绪化的争吵中。如果你感到不舒服或不愿意继续相处，可以礼貌地表达自己的想法并离开现场。如果你觉得情况可能对自己造成伤害或威胁，也可以及时报警或寻求其他帮助。我们在任何情况下，都要确保自己的安全和利益，并传递出一种对待冲突的成熟态度。

5 旅途中被陌生人搭讪怎么回

你喜欢旅游吗？去到一个完全陌生的地方，去探索新的路线、体验新的文化，往往会让人感到兴奋和充满期待。的确，旅游往往可以让人暂时脱离日常的生活和工作压力，享受美好的时光，获得身心的放松。

如果在这场旅途中，能遇到几个志同道合的朋友，简直是为这段美好的经历锦上添花了。孔子云："志同道合者，其乐无穷也。"意思是说如果我们能交到志同道合的朋友，将会感到非常快乐。在旅途中，能遇到这样的朋友何尝不是一种幸运。

然而，旅途中的人来人往，形形色色，我们又该如何分辨哪些是真正的同路人，哪些只是过客，甚至是不怀好意的人呢？这需要我们保持一份清醒与警觉，用敏锐的洞察力去观察和分辨。

在面对陌生人的搭讪时，我们要保持适度的戒心，既不过于冷淡也不过分热情。礼貌而谨慎地回应，用心去感受对方的真实意图，这样才能更好地保护自己，同时也不错过与真正志同道合的朋友相识的机会。

礼貌回应的同时保持警惕

出门在外，有些人可能对同性较为放松警惕，但我们必须牢记，防人之心不可无。无论对方的外表看起来多么和善，我们都应保持必要的防备心理。我们可以乐于助人，为他人提供简单的帮助，但当涉及入口的食物时，应当以不失礼貌的态度进行拒绝，以确保自己的安全和健康。

 小姐姐你好，可以帮我拍两张照吗？我想记录一下旅途生活。另外，这是我的家乡特产，请你吃！

拍照当然没问题，我很乐意。不过，特产就不用了，真的很感谢你，但我不太喜欢吃这个。

交流信息时注意保护隐私

　　出门在外，保护个人信息至关重要。我们不应该轻易向别人透露自己的所在地和工作情况。当对方询问这些敏感信息时，我们可以巧妙地采用打哈哈的方式来圆过去，并将问题抛给对方。这样的回答既不会透露个人信息，也不会让对方感到尴尬，还能成功地将话题转移到对方身上，使对话得以流畅进行。

 小姐姐你刚刚给我拍的照片好好看哦，你是专业摄影师吗？你在哪里工作啊？

哈哈，算不上专业啦，只是在路上随便拍拍而已。你呢？你是做什么工作的？

在旅游的过程中，我们会邂逅形形色色的人，能遇到一个与自己志趣相投的同伴，无疑是旅途的一大幸事。然而，无论我们与对方交谈得多么投机，都不应掉以轻心，时刻保持警惕是保护自己的关键。

特别是当我们独自出门在外时，安全问题更是需要放在首位。我们要时刻保持清醒的头脑，不要轻易相信陌生人，更不要随意透露自己的个人信息和行程安排。

只有确保自己的安全，才能有愉快的旅程。

总结

　　社交是一种双赢的关系。培养良好的人际关系不仅能为我们的日常生活增添色彩，还能对我们职业生涯的发展产生积极影响。因为这些人际关系能在关键时刻为我们提供支持和帮助。我们要珍视彼此的付出和所得，在向他人寻求支持的同时，也不要忘记给予他人帮助。

　　掌握出色的社交能力是推动人际关系、构建友情的核心要素。我们需要坦诚地表达自己的观点和感受，避免虚伪或隐瞒，并且信守承诺，做到言行一致。要学会积极高效地沟通，这样能缩短彼此间的距离，增强相互理解，解决分歧。

　　要尊重他人的不同之处。每个人都具有独特的价值和个性，我们应避免因个人偏好而排斥他人。同时，我们也应尊重他人的真实感受和观点，避免欺骗或误导。以真诚、友好和诚恳的态度对待他人，他人也会感受到我们的诚意并给予回应。

　　产生误解或矛盾时，我们应主动与他人沟通和解决，学会倾听和理解对方，表达自己的看法和感受，避免误解升级或矛盾激化。

　　提高语言情商，常常表扬他人，避免谈论压力大的话题，并保持适当的界限感，在各种社交场合中更加自如和有效地运用语言。